Jean Piaget

Psychologie et pédagogie

Denoël/Gonthier

AVERTISSEMENT

Les deux textes dont se compose le présent volume ont été écrits par Jean Piaget pour le tome XV de l' Encyclopédie française *consacré à l'éducation.*

Le premier date de 1935 et constitue la deuxième partie de notre édition. Centré sur les découvertes de la psychologie génétique, peu connues à l'époque, il en montre les implications pédagogiques et établit la liaison avec les méthodes dites « actives », alors très discutées.

Le second texte que nous reproduisons date de 1965. Nous l'avons placé en première partie, car il dépasse les problèmes abordés par le texte de 1935 au point d'être une discussion et une remise en question totale de notre pédagogie actuelle au double point de vue des méthodes et des programmes. Il pose un problème de civilisation.

Il nous a paru important de rendre accessibles au public ces deux contributions de Jean Piaget qui, établies sur une base expérimentale solide, sont la réponse d'un grand savant à la crise, devenue aujourd'hui universelle, de l'enseignement.

L'Editeur.

Première partie

ÉDUCATION ET INSTRUCTION DEPUIS 1935

A aborder une tâche aussi téméraire que de vouloir résumer, et à plus forte raison essayer de juger, le développement de l'éducation et de l'instruction durant ces trente dernières années, on est saisi d'un véritable effroi devant la disproportion qui subsiste aujourd'hui, autant qu'en 1935, entre l'immensité des efforts accomplis et l'absence d'un renouvellement fondamental des méthodes, des programmes, de la position même des problèmes et, pour tout dire, de la pédagogie en son ensemble en tant que discipline directrice.

En 1939, Lucien Febvre parlait du choc violent et même brutal que l'on éprouve en comparant l'empirisme de la pédagogie au « réalisme sain, droit et fécond » des études psychologiques et sociologiques dont cette pédagogie pourrait s'inspirer ; et il expliquait ce décalage ou ce manque de coordination par l'infinie complexité de la vie sociale dont l'éducation est à la fois le reflet et l'instrument. Sans doute, mais le problème subsiste et devient chaque jour plus inquiétant, de comprendre pourquoi nous sommes en possession d'une médecine scientifique, même si ses préceptes demeurent relativement inappliqués en de nombreux pays et de nombreux milieux, tandis que les ministères de l'Education nationale ne peuvent pas, comme ceux de la Santé publique, recourir à une discipline impartiale et objective dont l'autorité imposerait les principes et les données de fait, les problèmes n'étant plus alors que de déterminer les meilleures applications. En un mot, les ministères de la Santé ne légifèrent pas dans le domaine de la connaissance médicale, parce qu'il existe une science de la médecine dont les recherches sont à la fois autonomes et largement encouragées par l'Etat, tandis que les éducateurs publics sont des fonctionnaires, relevant d'un ministère qui décide des principes comme des applications, faute de pouvoir s'appuyer sur une science de l'éducation suffisamment élaborée pour répondre aux innombrables questions qui se posent chaque jour et dont la solution est alors laissée à l'empirisme ou à la tradition.

Retracer le développement de l'éducation et de l'instruction de 1935 à nos jours, ce sera donc faire état d'un immense progrès quantitatif de l'instruction publique, ce sera noter un certain nombre de progrès qualitatifs locaux, notamment là où ils ont pu être favorisés par les multiples transformations politiques et sociales, mais ce sera d'abord, car l'oubli des questions préalables fausserait tout le tableau, se demander pourquoi la science de l'éducation a si peu avancé ses positions, en comparaison avec les renouvellements profonds de la psychologie de l'enfant et de la sociologie elle-même.

1

L'évolution de la pédagogie

Il ne s'agit point ici de partir de considérations théoriques, mais des faits eux-mêmes qui les rendent tôt ou tard nécessaires. Trois sortes de données, à la fois disparates et choisies parmi bien d'autres, sont instructives à cet égard.

Ignorance des résultats.

La première constatation qui s'impose après trente ans d'intervalle, et qui est surprenante, est l'ignorance dans laquelle nous sommes restés quant aux résultats des techniques éducatives. En 1965 pas plus qu'en 1935 vous ne savons ce qui demeure des différentes connaissances acquises dans les écoles du premier et du second degré après 5, 10 ou 20 ans chez des représentants des différents milieux de la population. Certes, on possède des renseignements indirects, comme ceux des examens post-scolaires des conscrits qui ont lieu dans l'armée suisse et dont P. Bovet a raconté l'histoire surprenante entre 1875 et 1914 (notamment les exercices intensifs de répétition organisés en de nombreuses localités pour masquer les résultats désastreux auxquels donnaient lieu ces examens lorsqu'ils n'étaient pas préparés par un dressage de dernière heure). Mais on ne sait rien de précis sur ce qui subsiste, par exemple, des enseignements de géographie ou d'histoire dans la tête d'un paysan de 30 ans ou sur ce qu'un avocat a conservé des connaissances de chimie, de physique ou même de géométrie acquises dans les classes de lycée. On nous dit que le latin (et en certains pays le grec) est indispensable pour former un médecin, mais a-t-on jamais essayé, pour contrôler une telle affirmation et pour la dissocier des facteurs de protection professionnelle intéressée, d'évaluer ce qui reste de cette formation dans l'esprit d'un praticien (et en menant la comparaison sur des médecins japonais ou chinois aussi bien qu'européens quant aux relations entre la valeur médicale et les études classiques ? Et pourtant les économistes qui ont collaboré au Plan général de l'Etat français ont demandé que soient organisés des contrôles de rendement des méthodes pédagogiques.

On dira que la mémoire des connaissances est sans relation avec la culture acquise, mais comment évalue-t-on cette dernière, en dehors de jugements singulièrement globaux et subjectifs ? Et la culture qui compte chez un individu particulier, est-elle toujours celle qui résulte de la formation proprement scolaire, une fois oublié le détail des acquisitions au niveau de l'examen final, ou est-ce celle que l'école a réussi à développer en vertu d'incitations ou d'intérêts provoqués indépendamment de ce qui paraissait essentiel dans la formation dite de base ? Même la question centrale de la valeur de l'enseignement des langues mortes, à titre d'exercice susceptible de transférer ses effets bienfaisants en d'autres domaines d'activité, reste aussi peu tranchée par l'expérience aujourd'hui qu'il y a trente ans, malgré un certain nombre d'études anglaises ; et l'éducateur en est réduit à donner ses conseils sur des sujets aussi capitaux en s'appuyant non pas sur un savoir, mais sur des considérations de bon sens ou de simple opportunité (telle que le nombre des carrières inaccessibles à qui n'a pas passé par la filière prescrite).

Il est, d'autre part, des enseignements dénués à l'évidence de toute valeur formatrice et que l'on continue d'imposer sans savoir s'ils atteignent ou non le but utilitaire qui leur est dévolu. Chacun admet, par exemple, qu'il est nécessaire pour vivre socialement de savoir mettre l'orthographe (sans discuter ici la signification rationnelle ou purement traditionaliste d'une telle obligation). Mais ce qu'on ne sait nullement, de façon décisive, c'est si un enseignement spécialisé de l'orthographe favorise cet apprentissage, demeure indifférent ou devient parfois nuisible. Certaines expériences ont montré que les enregistrements automatiques dus à la mémoire visuelle aboutissent au même résultat que des leçons systématiques : de deux groupes d'élèves, dont l'un avait suivi et l'autre pas un enseignement de l'orthographe, les notes se sont trouvées équivalentes. L'expérience ainsi tentée demeure sans doute insuffisante, faute de l'extension et des variations nécessaires. Mais il est à peine croyable que sur un terrain aussi accessible à l'expérimentation et où se trouvent en conflit les intérêts divergents de la grammaire traditionnelle et de la linguistique contemporaine, le pédagogue n'organise pas d'expériences suivies et méthodiques et se contente de trancher les questions à coups d'opinions dont le « bon sens » recouvre en fait plus d'affectivité que de raisons effectives.

En fait, on ne dispose pour juger du rendement des méthodes scolaires que des résultats des examens de fin d'école et, en partie, de certains examens de concours. Mais il y a là tout à la fois une pétition de principe et un cercle vicieux.

Une pétition de principe, tout d'abord, parce que l'on postule que la réussite aux examens constitue un gage d'acquisition durable, alors que le problème nullement résolu consiste au contraire à établir ce qui demeure après quelques années des connaissances testées grâce aux examens réussis et en quoi consiste ce qui subsiste indépendamment du détail des connaissances oubliées. Sur ces deux premiers points nous ne savons donc toujours à peu près rien.

Un cercle vicieux ensuite, et bien plus grave encore, car on prétend juger de la valeur de l'enseignement scolaire par la réussite aux examens finals, alors qu'en fait une bonne partie du travail scolaire est influencée par la perspective de tels examens et que, selon de bons esprits, il est même gravement déformé par cette préoccupation devenue dominante. Il va donc de soi que, en toute objectivité scientifique et en toute honnêteté à l'égard des parents et surtout des élèves, la question préalable d'une étude pédagogique du rendement scolaire serait de comparer les résultats d'écoles sans examens, où la valeur de l'élève est jugée par les maîtres en fonction du travail de l'année, et celui des écoles ordinaires où la perspective des examens fausse peut-être à la fois le travail des élèves et celui des maîtres eux-mêmes. On répondra que les maîtres ne sont pas toujours impartiaux, mais les partialités locales éventuelles feraient-elles plus de ravages que la part d'aléatoire et de blocage affectif qui intervient en tout examen ? On répondra aussi que les élèves ne sont pas des cobayes pour se prêter aux expériences pédagogiques, mais les multiples décisions ou réorganisations administratives n'aboutissent-elles pas aussi à des expériences, dont la seule différence avec les expériences scientifiques est qu'elles ne comportent pas de contrôles systématiques ? On répondra surtout que les examens peuvent comporter une utilité formatrice, etc., mais c'est précisément ce qu'il s'agirait de vérifier par des expériences objectives, sans se contenter d'opinions si autorisées soient-elles, « à dire d'expert », d'autant plus que ces opinions sont multiples et contradictoires.

Or, sur toutes ces questions fondamentales et bien d'autres encore, la pédagogie expérimentale, qui pourtant existe et a déjà fourni un grand nombre de travaux de valeur, est encore restée muette et témoigne ainsi de la disproportion effrayante qui subsiste toujours entre l'ampleur ou l'importance des problèmes et les moyens mis en œuvre pour les résoudre. Lorsqu'un médecin utilise une thérapeutique, il intervient également une certaine part d'empirisme et l'on n'est jamais entièrement certain, en présence d'un cas particulier, si ce sont les remèdes employés qui ont conduit à la guérison ou si la *vis medicatrix naturæ* aurait agi à elle seule. Cependant il existe un corps considérable de recherches pharmacologiques et autres qui, jointes au progrès des connaissances physiologiques, fournissent une assise de plus en plus sérieuse aux intuitions cliniques. Comment se fait-il donc que dans le domaine de la pédagogie, où l'avenir des générations montantes est en cause à un degré au moins égal que dans le domaine de la santé, les recherches de base soient demeurées aussi pauvres que les quelques petits exemples l'indiquent ?

Le corps enseignant et la recherche.

De 1935 à 1965 on pourrait citer, dans à peu près toutes les disciplines désignées par les termes de sciences naturelles, sociales ou humaines, les noms de grands auteurs, de réputation mondiale, qui ont renouvelé plus ou moins profondément les branches du savoir auxquelles ils ont consacré leurs travaux. Aucun grand pédagogue n'est venu s'ajouter, pendant la même période, à la liste des hommes éminents qui ont marqué l'histoire de la pédagogie. Cela encore soulève un problème.

Les termes de ce problème ne sont d'ailleurs pas spéciaux à la période en cause. La première constatation qui s'impose, à parcourir les tables des matières des histoires de la pédagogie, est le nombre proportionnellement considérable des novateurs en pédagogie qui n'étaient pas des éducateurs de métier. Comenius a créé et dirigé des écoles, mais il était théologien et philosophe de formation. Rousseau n'a pas tenu de classes et, s'il a peut-être eu des enfants, on sait qu'il s'en est peu occupé. Fröbel, le créateur des jardins d'enfants et le défenseur d'une éducation sensorielle (d'ailleurs bien insuffisante), était chimiste et philosophe. Herbart était psychologue et philosophe. Parmi les contemporains, Dewey était philosophe, Mme Montessori, Decroly, Claparède étaient médecins et les deux derniers en outre psychologues. Le plus illustre peut-être des pédagogues qui n'était qu'éducateur (très moderne d'ailleurs), c'est-à-dire Pestalozzi, n'a par contre rien inventé en fait de méthodes ou de procédés nouveaux, sinon paraît-il l'emploi des ardoises et encore pour des raisons d'économie...

L'un des événements pédagogiques importants entre 1934 et 1965 est le projet français de réformes qui a donné lieu aux « cycles d'orientation » et d'« observation » : il est né des travaux d'une commission dirigée et inspirée par un physicien et un médecin-psychologue, Langevin et Wallon.

Sans doute, en bien d'autres disciplines, certaines inspirations fondamentales peuvent être dues à des hommes qui n'étaient pas « du métier » : chacun sait en quoi la médecine est redevable à Pasteur, qui n'était pas médecin. Mais dans les grandes lignes, la médecine est l'œuvre des médecins, les sciences de l'ingénieur sont construites par les ingénieurs, etc. Pourquoi donc la pédagogie est-elle si peu l'œuvre des pédagogues ? C'est là un problème grave et toujours actuel. L'absence ou la carence des recherches sur les résultats de l'enseignement, sur laquelle nous insistions à l'instant, n'en est qu'un cas particulier. Le problème général est de comprendre pourquoi l'immense cohorte des éducateurs, qui travaillent dans le monde entier avec tant de dévouement et en général de compétence, n'engendre pas une élite de chercheurs qui fassent de la pédagogie une discipline à la fois scientifique et vivante au même titre que toutes les disciplines appliquées participant à la fois de l'art et de la science ?

La raison en tient-elle à la nature de la pédagogie elle-même, en ce sens que ses lacunes proviendraient de l'impossibilité de trouver un équilibre stable entre les données scientifiques et les applications sociales ? C'est ce que nous chercherons plus loin à la lumière du renouvellement des problèmes entre 1935 et 1965. Mais nous répondrons par la négative et, avant d'examiner les questions théoriques, il est indispensable de faire d'abord la part des facteurs sociologiques car, ici comme partout, une science ne se développe qu'en fonction des besoins et des incitations d'un milieu social. Or, dans le cas particulier, ces incitations font en partie défaut et le milieu n'est pas toujours propice.

Un phénomène, dont la gravité ne saurait échapper et qui se dessine de plus en plus nettement au cours de ces dernières années, est la difficulté du recrutement des maîtres primaires et secondaires. La XXVIe Conférence internationale de l'Instruction publique a mis à son ordre du jour, en 1963, le problème de « la lutte contre la pénurie de maîtres primaires », et l'on a pu constater, à cette occasion la généralité du problème. Bien entendu, il s'agit là d'abord d'une question économique et, si l'on pouvait accorder aux maîtres des traitements équivalents à ceux des représentants des autres carrières libérales, on accélérerait le recrutement. Mais le problème est bien plus large et concerne en fait la position de l'éducateur dans l'ensemble de la vie sociale : c'est pourquoi il rejoint notre question centrale de la recherche en pédagogie.

La vérité est que la profession d'éducateur n'a pas encore atteint, dans nos sociétés, le statut normal auquel elle a droit dans l'échelle des valeurs intellectuelles. Un avocat, même s'il n'a pas de talent exceptionnel doit sa considération à une discipline respectée et respectable, qui est le droit, et dont le prestige correspond à des cadres universitaires bien définis. Un médecin, même s'il ne guérit pas toujours, représente une science consacrée, longue et difficile à acquérir. Un ingénieur représente comme le médecin une science et une technique. Un professeur d'université représente la science qu'il enseigne et qu'il s'efforce de faire progresser. Ce qui manque, par contre, au maître d'école c'est un prestige intellectuel comparable, et cela à cause d'un concours extraordinaire et assez inquiétant de circonstances.

La raison générale en est naturellement que le

maître d'école n'est pas considéré, ni par les autres ni, ce qui est pire, en général, par lui-même comme un spécialiste du double point de vue des techniques et de la création scientifique, mais comme le simple transmetteur d'un savoir à la portée de chacun. Autrement dit, on estime qu'un bon maître fournit ce que l'on attend de lui lorsqu'il est en possession d'une culture générale élémentaire et de quelques recettes apprises lui permettant de l'inculquer dans l'esprit des élèves.

On oublie ainsi simplement que l'enseignement sous toutes ses formes soulève trois problèmes centraux dont la solution est loin d'être connue et dont il reste même à se demander comment ils seront résolus si ce n'est avec la collaboration des maîtres ou d'une partie d'entre eux :

1) Quel est le but de cet enseignement ? Accumuler des connaissances utiles (mais utiles en quel sens ?) ? Apprendre à apprendre ? Apprendre à innover, à produire du neuf en n'importe quel domaine, aussi bien qu'à savoir ? Apprendre à contrôler, à vérifier, ou simplement à répéter ? Etc.

2) Ces buts étant choisis (et par qui, ou avec le consentement de qui ?) il reste ensuite à déterminer quelles sont les branches (ou le détail des branches) qui sont nécessaires, indifférentes ou contre-indiquées pour les atteindre : branches de culture, branches de raisonnement et surtout (ce qui reste absent d'un grand nombre de programmes) branches d'expérimentation, formatrices d'un esprit de découverte et de contrôle actif ?

3) Ces branches choisies, il reste enfin à connaître suffisamment les lois du développement men-

tal pour trouver les méthodes les plus adéquates au type de formation éducative désirée.

Nous reviendrons naturellement sur chacun de ces problèmes, dont la position s'est sensiblement modifiée depuis 1935, mais la question est pour l'instant celle de la situation du corps enseignant par rapport à la recherche, et des obstacles sociaux qui empêchent les maîtres de se livrer à cette recherche de connaissances élémentaires.

Le premier de ces obstacles est que, ignorant la complexité de ces problèmes, le public ne sait pas (et le public finit par englober certaines autorités scolaires par un nombre appréciable de maîtres eux-mêmes) que la pédagogie est, entre autres, une science, et même très difficile, étant donné la complexité des facteurs en jeu. Lorsque la médecine applique la biologie et la physiologie générale aux problèmes de la guérison des maladies, elle n'a pas d'hésitation sur les buts à atteindre et elle utilise des sciences déjà avancées en collaborant elle-même à l'édification des disciplines intermédiaires (physiologie humaine, pathologie, pharmacodynamique, etc.). Lorsque la pédagogie cherche à appliquer les données de la psychologie et de la sociologie, elle se trouve par contre en présence de questions enchevêtrées de buts comme de moyens, elle ne reçoit de ses sciences mères que des secours modestes, faute d'un avancement suffisant de ces disciplines et il lui reste à constituer son corps de connaissances spécifiques (une psychologie pédagogique qui n'est pas une simple psychologie de l'enfant appliquée déductivement, une didactique expérimentale, etc.).

En second lieu, le maître d'école doit se conformer à un programme et appliquer des méthodes qui lui sont dictées par l'Etat (sauf en certains pays comme, en principe, la Grande-Bretagne), tandis que le médecin, par exemple, dépend bien plus de sa Faculté et de son ordre professionnel que du ministère de l'Hygiène ou de la Santé publiques. Sans doute les ministères de l'Education sont-ils surtout composés d'éducateurs, mais qui administrent et n'ont aucun temps à consacrer à la recherche. Et sans doute les ministères prennent-ils souvent la précaution de fonder et de consulter des instituts de recherche (comme les académies pédagogiques des pays de l'Est avec les nombreux laboratoires qui leur sont rattachés), mais il n'en reste pas moins que l'autonomie intellectuelle spécifique du corps enseignant lui-même demeure partout extrêmement réduite comparée à celle des autres professions libérales.

En troisième lieu, si l'on compare les sociétés pédagogiques aux sociétés médicales ou juridiques, aux sociétés d'ingénieurs ou d'architectes, etc., c'est-à-dire à ces multiples sociétés professionnelles où les représentants d'une même discipline, pourtant « appliquée » par opposition aux sciences dites pures, se livrent à des études en commun et échangent leurs découvertes, on ne peut qu'être frappé du manque habituel de dynamisme scientifique de ces corporations d'éducateurs souvent spécialisées dans la discussion des problèmes exclusivement syndicaux.

En quatrième lieu, et là est sans doute l'essentiel, il est encore de nombreux pays où la préparation des maîtres n'a pas de relation avec les facultés universitaires : seuls les maîtres secondaires se forment à l'université, mais presque exclusivement du point de vue des matières à enseigner, la préparation proprement pédagogique étant nulle ou réduite au *minimum*, tandis que les maîtres primaires sont préparés à part dans les Ecoles normales sans liaison directe avec la recherche universitaire. Nous reviendrons sur les changements d'idées et d'institutions à cet égard au cours des trente dernières années, mais il importe ici de noter combien le régime traditionnel a été funeste à la recherche pédagogique, en laissant ignorer ses possibilités aux futurs maîtres secondaires (où elle peut être si féconde entre autres sur les terrains des enseignements mathématiques, physiques et linguistiques) et en contribuant à faire du corps enseignant primaire une sorte de classe intellectuelle repliée sur elle-même et privée des valorisations sociales auxquelles elle a droit, cela surtout parce que séparée des courants scientifiques et de l'atmosphère de travail expérimental qui l'eussent vivifiée au contact de l'enseignement universitaire (le problème sera repris au chap. 8).

Les Instituts de recherche.

Le remède aux différentes situations que nous venons de décrire a été cherché d'abord et avec raison dans la création d'instituts de recherche pédagogique qui se sont multipliés au cours de ces dernières années. Le mouvement est même devenu assez général pour que le Bureau International d'Education ait pu entreprendre une enquête comparative sur ce sujet et le mettre en discussion à l'une des conférences internationales de l'Instruction publique.

On peut distinguer trois grands types de ces instituts : les académies de sciences pédagogiques, en honneur dans les républiques populaires de l'Est, les instituts de sciences de l'éducation ou départements d'éducation rattachés aux universités sous forme de facultés, de départements ou d'instituts inter-facultés et les centres, officiels ou non, de recherches indépendants des académies et des universités (musées pédagogiques, etc.).

Les académies pédagogiques constituent un modèle d'organisation de recherches avec un large financement de l'Etat et une autonomie suffisante des chercheurs dans le détail de leurs travaux (ils ne sont guère gênés que par l'obligation, assez courante, de présenter des plans de recherches portant sur plusieurs années, ce qui présente souvent un aspect un peu artificiel étant donné les imprévus de la recherche). Le nombre de psychologues de l'enfance disposant chacun d'un laboratoire et d'assistants y est considérable et aboutit à une collaboration assez étroite dans le détail des problèmes pédagogiques. A titre d'exemple, nous avons vu à Moscou les résultats de recherches consistant à prendre des mesures perceptives (constances, etc.) dans des situations d'activité et de jeu pour les comparer aux mesures relevées en d'autres contextes, dans le but de démontrer les effets de l'action et de l'intérêt sur la perception elle-même : le choix d'un tel sujet, témoigne à la fois d'un souci de liaison avec des problèmes généraux importants pour la pédagogie et d'une certaine indépendance par rapport aux applications immédiates qui limiteraient le champ des investigations. Mais il va de soi qu'un nombre considérable d'autres recherches portent sur le détail même des questions d'enseignement, les éducateurs étant tenus au courant des résultats obtenus. Les intéressés sont en général satisfaits d'une telle organisation. Les ajustements souhaités se réduisant à deux principaux : coordination entre les travaux des académies et ceux des universités et coordination entre la pratique de la recherche et la formation même des enseignants, qui demeure confiée à des instituts pédagogiques distincts des centres d'investigations.

Le second type d'instituts de recherche est celui des universités, où les professeurs chargés d'enseigner les différentes branches de la pédagogie sont censés, comme en tous les domaines, organiser des recherches aussi bien que donner des cours. Certaines universités, et c'était même une tendance assez répandue il y a quelques années, ont créé des « facultés de Pédagogie » à côté de celles des Lettres, de Sciences ou de Sciences sociales, etc. Mais les inconvénients bien connus du régime des facultés (qui tend à compartimenter le savoir et à empêcher les liens interdisciplinaires, pourtant vitaux pour le développement de certaines branches) sont encore plus flagrants dans le domaine de l'éducation qu'en d'autres : les problèmes essentiels de la recherche pédagogique sont, en effet, de la féconder en liaison avec d'autres disciplines et de sortir les chercheurs de leur isolement ou même de les guérir de leurs sentiments d'infériorité. Aussi bien, quand l'Institut J.-J. Rousseau a été rattaché à l'Université de Genève (dernière étape en 1948), a-t-il refusé d'être constitué en faculté comme on le lui proposait et a-t-il préféré le système d'un institut inter-facultés, dépendant de la Faculté des Sciences pour la psychologie (la psychologie expérimentale demeurant en Sciences et les branches de psychologie de l'enfant et psychologie appliquée passant à l'institut) et des Lettres pour la pédagogie (la chaire principale demeurant en Lettres et les chaires annexes passant à l'institut). Il est possible que cette formule des instituts inter-facultés comporte quelque avenir pour d'autres disciplines et il est à noter qu'elle a été adoptée à l'Université d'Amsterdam pour l'ensemble de la philosophie.

Une autre forme de connexion entre la recherche pédagogique et la vie universitaire est celle qui correspond aux organisations anglo-saxonnes où l'unité fonctionnelle est constituée par les « Départements » plus que par les Facultés. En de tels cas, il existe un département d'Education sur le même rang que ceux de Psychologie, etc., et l'on peut citer, en Grande-Bretagne et aux U.S.A., de nombreux départements d'Education qui sont très vivants et fournissent de belles recherches. Mais leurs membres se plaignent parfois de deux inconvénients. L'un est la coupure introduite entre la psychologie, et la pédagogie. On y remédie souvent en plaçant la psychologie de l'enfant en pédagogie, mais c'est alors au prix de séparer la psychologie génétique de la psychologie expérimentale (ce qui a été fréquemment assez funeste) sans remédier suffisamment à l'isolement possible du département de l'Education. Un autre inconvénient signalé discrètement est la possibilité pour des mathématiciens, physiciens ou biologistes, etc., qui réussissent peu en leurs branches de trouver dans les départements d'Education des débouchés sous forme d'enseignements de la didactique des mathématiques, de la physique et de la biologie, ce qui n'avance pas toujours la recherche en pédagogie...

D'une manière générale, ces diverses formules de rattachement de la recherche pédagogique aux universités se sont certainement révélées fécondes, mais surtout dans la mesure où elles ont réussi à intégrer le corps enseignant dans les structures de niveau supérieur, et cela grâce aux divers modes de préparation des maîtres à l'université même, ce dont nous reparlerons (chap. 8).

Quant aux centres de recherches indépendants des académies et universités, ils peuvent avoir beaucoup d'action. Les uns sont officiels (musées pédagogiques, etc.) et ont parfois l'oreille des ministères plus que les universités. D'autres, comme aux U.S.A., dépendent de fondations privées et peuvent présenter alors une souplesse remarquable, comme le font plusieurs « projets » concernant l'enseignement des sciences dès les degrés élémentaires : sous l'influence de divers événements auxquels le « Spoutnik » n'est peut-être pas étranger, il est arrivé, par exemple, que des physiciens de renom s'intéressent de près à l'acquisition de certains modes de pensée, ce qui est tout profit pour la pédagogie.

Pédagogie scientifique et détermination des buts d'éducation.

Il va de soi que c'est à la société de fixer les buts de l'éducation qu'elle fournit aux générations montantes ; c'est d'ailleurs ce qu'elle fait toujours de façon souveraine, et cela de deux manières. Elle les fixe d'abord de façon spontanée par les contraintes du langage, des usages, de l'opinion, de la famille, des nécessités économiques, etc., c'est-à-dire au moyen des multiples formes d'action collective par l'intermédiaire desquelles les sociétés se conservent et se transforment, en façonnant chaque génération nouvelle dans le moule statique ou mobile des précédentes. Elle les fixe ensuite de façon réfléchie par les organes de l'Etat ou d'institutions particulières, selon les types envisagés d'éducation.

Mais cette détermination des buts de l'éducation ne se fait pas au hasard. Lorsqu'elle se fait de façon spontanée, elle obéit à des lois sociologiques que l'on peut analyser, et cette étude est de nature à éclairer les décisions réfléchies des autorités en matière d'éducation. Quant à ces décisions elles-mêmes, elles ne sont en général prises qu'au vu d'informations de tous genres, non seulement politiques, mais encore économiques, techniques, morales, intellectuelles, etc. Ces informations ne sont en général recueillies que par consultations directes des intéressés, et il est certes indispensable de commencer par là, par exemple quant aux besoins techniques et économiques de la société. Mais ici à nouveau il y aurait tout intérêt, pour les responsables mêmes des directives à donner aux éducateurs, d'être en possession d'études objectives sur les relations entre la vie sociale et l'éducation. En effet, d'une part, il ne suffit pas de fixer des buts pour pouvoir les atteindre car il reste à examiner le problème des moyens, qui relève alors de la psychologie plus que de la sociologie mais qui conditionne tout de même le choix des buts. Aussi bien Durkheim a-t-il un peu trop simplifié les choses en soutenant que l'homme voulu par l'éducation est un produit de la société et non pas de la nature : il reste que la nature ne se soumet à la société qu'à certaines conditions et que, à les connaître, on éclaire au lieu de les contrecarrer le choix des buts sociaux. D'autre part, et à se borner aux buts, les diverses finalités souhaitées peuvent être plus ou moins compatibles ou contradictoires entre elles : il n'est pas évident, par exemple, que l'on puisse attendre des individus à former qu'ils soient à la fois des constructeurs et des novateurs en certains domaines d'activités sociales, où l'on a besoin de telles qualités, et de rigoureux conformistes en d'autres branches du savoir et de l'action. Ou bien donc la détermination des buts de l'éducation demeure affaire d'opinions « autorisées » et d'empirisme, ou bien elle doit être l'objet d'études systématiques et c'est ce dont l'on s'est aperçu de plus en plus en ces dernières années.

Il s'est donc développé une sociologie de l'éducation, qui a un peu négligé (mais y reviendra) les grands problèmes discutés par les fondateurs de cette discipline, Durkheim et Dewey, mais s'est spécialisée dans l'étude des structures concrètes : par exemple l'étude de la classe d'école comme groupe ayant sa dynamique propre (sociométrie, communication effective entre maîtres et élèves, etc.), l'étude du corps enseignant comme catégorie sociale (recrutement, structures hiérarchiques, idéologie, etc.) et surtout l'étude de la population enseignée : son origine sociale des élèves selon les niveaux atteints, les débouchés, les points d'étranglement, la « relève », la mobilité sociale dans les perspectives éducatives, etc.

Ce sont ces problèmes relatifs à la population enseignée qui ont le plus retenu l'attention et qui sont effectivement les plus importants pour juger des buts de l'instruction. L'« économie de l'éducation » commence entre autres à connaître de grands développements : étude des accords et des discordances entre les systèmes éducatifs et les besoins économiques et « sociaux » de la collectivité, nature et ampleur des ressources mises à la disposition de l'école, productivité du système, relations entre l'orientation de la jeunesse par l'école et l'évolution des formes d'activité économique, etc.

Il va de soi que l'ensemble de ces travaux est d'un intérêt assez central pour la « planification de l'enseignement » dont on s'occupe aujourd'hui dans presque tous les pays et qui consiste à mettre au point des projets pour des années d'avance. En effet, cette planification est naturellement liée à une détermination des buts à poursuivre et c'est cette détermination qui pourrait éclaircir à des degrés divers la sociologie de l'éducation.

Plus directement, dira-t-on, la planification et la fixation des buts pédagogiques peuvent trouver les informations nécessaires dans les travaux d'éducation comparée tels qu'ils se sont multipliés aux U.S.A. (Kandel, etc.) en Grande-Bretagne (Lauwerys, etc.) et que poursuit au Bureau International d'Education P. Rossello en s'appuyant sur les rapports annuels des ministères de l'Instruction publique consignés dans l'*Annuaire international de l'Education et de l'Instruction.* En comparant notamment les indications quantifiables, on parvient ainsi à dégager certaines tendances selon les accroissements ou diminutions d'une année à l'autre ou certaines corrélations en fonction de l'interdépendance des problèmes. Mais il faut bien comprendre que l'éducation comparée ne comporte d'avenir qu'en se subordonnant résolument à la sociologie, c'est-à-dire à une étude détaillée et systématique du conditionnement social des systèmes éducatifs. Et que toute étude quantitative, en soi infiniment délicate faute d'unités de mesure (d'où les méthodes « ordinales » avec toutes les précautions qu'elles supposent), n'a de signification que subordonnée aux analyses qualitatives, ce qui ramène aux grands problèmes que l'on ne saurait éviter.

La pédagogie expérimentale ou l'étude des programmes et des méthodes.

Que les programmes et les méthodes didactiques soient imposés par l'Etat ou laissés à l'initiative des enseignants, il reste de toute évidence que l'on ne saurait rien dire de fondé quant à leur rendement effectif, ni surtout quant aux multiples effets imprévus qu'ils peuvent avoir sur la formation générale des individus, sans une étude systématique disposant de tous les moyens si riches de contrôle qu'ont élaborés la statistique moderne et les diverses recherches psychosociologiques.

Il s'est donc constitué depuis des décades sous le nom de « pédagogie expérimentale » une discipline spécialisée dans l'étude de tels problèmes. Dans un ouvrage portant le double titre *Psychologie de l'enfant et pédagogie expérimentale* et qui a connu de nombreuses éditions et traductions au début de ce siècle, Claparède montrait déjà que cette pédagogie expérimentale n'est pas une branche de la psychologie (sauf à intégrer dans l'objet de cette dernière toutes les activités des maîtres) : la pédagogie expérimentale ne porte, en effet, que sur le déroulement et les résultats de processus proprement pédagogiques, ce qui ne signifie pas, comme nous allons le voir, que la psychologie ne constitue pas une référence nécessaire, mais ce qui revient à dire que les problèmes posés sont autres et regardent moins les caractères généraux et spontanés de l'enfant et de son intelligence que leur modification par le processus en question.

C'est, par exemple, une question de pédagogie expérimentale que de décider si la meilleure manière d'apprendre à lire consiste à débuter par les lettres, puis à passer aux mots et finalement aux phrases selon la méthode classique dite « analytique » ou s'il vaut mieux procéder en ordre inverse selon la méthode « globale » de Decroly. Seule une étude patiente, méthodique, appliquée à des groupes comparables de sujets en des temps également comparables et en neutralisant autant que faire se peut les facteurs adventices (valeur des maîtres et préférences pour l'une ou l'autre méthode, etc.) peut permettre de résoudre la question ; et il est exclu de chercher une solution dans des considérations déductives à partir des connaissances pourtant expérimentales fournies par la psychologie sur le rôle des « gestalts » dans la perception et sur le caractère syncrétique ou global des perceptions enfantines (quand bien même c'est de telles considérations qu'est parti Decroly pour imaginer sa méthode, ce qui ne constitue pas pour autant une vérification). Certaines études, encore bien incomplètes sur le sujet, ont conduit à soutenir que la méthode globale, de rendement plus rapide, nuisait à la connaissance ultérieure de l'orthographe, mais ce n'est là qu'une constatation occasionnelle exigeant de nouveaux contrôles, et combien délicats... (il suffit de penser aux nombreux adultes qui, hésitant entre deux orthographes possibles, écrivent le mot en cause de deux manières et choisissent d'après la figure obtenue, ce qui consiste en fait à reconnaître la bonne orthographe d'après une configuration globale). D'autres recherches ont semblé montrer que les résultats obtenus variaient selon les types d'enfants et surtout les types d'activités auxquels on recourt pour y associer les exercices « globaux », ce qui a conduit récemment une pédagogue de Sherbrooke au Canada, à imaginer une méthode mixte, surtout globale où les enfants construisent eux-mêmes et en commun des phrases par combinaisons possibles entre des mots présentés par chacun des membres du groupe : d'où une nouvelle exigence de recherches et de contrôles, en tenant compte de cette troisième possibilité en la comparant aux autres. Certains auteurs ont soutenu récemment que le problème restait mal posé si on le limite aux facteurs perceptifs et mnésiques et que la vraie question est à situer au niveau des significations et du jeu des rapports entre les signes et les signifiés, etc. ; et, d'un tel point de vue, un ensemble d'expériences nouvelles s'offre à la pédagogie expérimentale, qui n'excluent d'ailleurs en rien la mise en relation nécessaire avec les facteurs perceptifs car, s'ils ne sont pas seuls en jeu, ils ne deviennent pas pour autant négligeables.

Cet exemple banal montre d'abord la complexité des problèmes qui se posent à la pédagogie expérimentale si l'on veut juger des méthodes d'après des critères objectifs et non pas seulement d'après les évaluations des maîtres intéressés, des inspecteurs ou des parents d'élèves. Il montre ensuite que les problèmes sont effectivement d'ordre pédagogique et non pas purement psychologique, car la mesure d'un rendement scolaire obéit à des critères qui regardent le seul éducateur, même si les méthodes employées convergent en partie avec celles du psychologue. Par contre, la question de la collaboration nécessaire entre la pédagogie expérimentale et la psychologie de l'enfant ou de l'indépendance radicale de la première a été soulevée au cours de ces dernières années et cela au sein des cercles pédagogiques de langue française.

Le problème ne s'est posé ni dans les pays anglo-saxons ni dans les républiques populaires, où il va de soi dans tous les centres de recherche dépendant des universités ou des académies pédagogiques que la pédagogie expérimentale a besoin de la psychologie au même titre que la médecine repose sur la biologie ou la physiologie sans se confondre avec elles. Par contre R. Dottrens a soutenu, au sein de l'Association de pédagogie expérimentale de langue française qu'il a contribué à créer, la thèse de l'indépendance complète de cette discipline et il a, chose curieuse, invoqué pour se défendre des textes de Claparède montrant simplement la différence des problèmes, comme si toute l'œuvre du fondateur de l'institut J.-J. Rousseau ne tendait pas à asseoir la pédagogie sur des bases psychologiques solides. En fait le problème est fort simple et sa solution ne dépend que des ambitions plus ou moins modestes ou larges de la pédagogie expérimentale.

Si celle-ci veut se borner, en conformité avec le schéma positiviste de la science, à une simple recherche de faits et de lois, sans prétendre expliquer ce qu'elle constate, alors naturellement il n'est aucun besoin d'une liaison avec la psychologie. On constatera, par exemple, que sur trois groupes comparables de jeunes enfants, la méthode analytique a fourni au terme de *x* mois une lecture de *n* mots en moyenne en 150 minutes, la méthode globale a fourni *n'* mots et celle de Sherbrooke *n"* mots, sur le même texte. On mesurera d'autre part la rapidité des progrès de mois en mois. On constatera enfin qu'après deux ou trois ans les mêmes groupes, ayant suivi les mêmes enseignements par ailleurs, fournissent tels ou tels résultats en orthographe. Et ce sera fini par là, ce qui permettra tout au plus un choix entre les méthodes discutées.

Mais si la pédagogie expérimentale veut comprendre ce qu'elle fait et compléter ses constatations par des interprétations causales ou « explications », il est évident qu'il lui faudra recourir à une psychologie précise et non pas simplement à celle du sens commun. Il lui faudra, dans cet exemple, être informée de près dans les domaines de la perception visuelle, de la perception des mots des lettres et des phrases, il lui faudra connaître les relations entre la perception globale et les « activités perceptives », les lois de la fonction symbolique, les rapports entre la perception des mots et le symbolisme, etc.

Et l'exemple choisi n'a rien d'exceptionnel. N'importe quelle méthode didactique ou quel programme d'enseignement dont l'application et les résultats sont à analyser par la pédagogie expérimentale soulève des problèmes de psychologie du développement, de psychologie de l'apprentissage et de psychologie générale de l'intelligence. Il en résulte que les progrès de la pédagogie expérimentale, en tant que science indépendante quant à son objet, ne peuvent qu'être liés comme en toutes les sciences à des recherches interdisciplinaires, s'il s'agit de constituer une vraie science, c'est-à-dire qui soit explicative et pas seulement descriptive. C'est d'ailleurs ce qu'ont compris, en leur immense majorité, les centres de recherches en cette jeune discipline et ce que nous venons de dire se borne à énoncer ce qui est devenu vérité courante durant ces dernières années.

2

Les progrès de la psychologie de l'enfant et de l'adolescent

Introduction.

Le tome XV de l'*Encyclopédie française* contient un chapitre de nous, écrit il y a plus de trente ans, sur ce que la psychologie de l'enfant peut offrir à l'éducateur. En comparant ces pages à celles qu'écrivait H. Wallon dans le tome VIII consacré à la « Vie mentale », L. Lebvre croyait y discerner une certaine divergence pouvant intéresser la pédagogie, Wallon insistant surtout sur l'incorporation graduelle des enfants dans la vie sociale organisée par l'adulte et nous-même soulignant surtout les aspects spontanés et relativement autonomes du développement des structures intellectuelles.

Si la psychologie de Wallon, et la nôtre ont fini par devenir beaucoup plus complémentaires qu'antagonistes parce que son analyse de la pensée en dégage surtout les aspects figuratifs et la nôtre les aspects opératifs (ce que j'ai cherché à montrer dans un « Hommage à H. Wallon » en un court article dont cet ami regretté a encore pu me communiquer qu'il approuvait cette « conciliation dialectique »), le problème soulevé par L. Febvre subsiste pleinement aujourd'hui, mais se pose en termes renouvelés par un ensemble assez considérable de faits découverts depuis lors.

Ce problème, assez central pour le choix des méthodes d'enseignement, se pose concrètement dans les termes suivants. Il est des matières, comme l'histoire de France ou l'orthographe, dont le contenu a été élaboré ou même inventé par l'adulte et dont la transmission ne soulève que des problèmes de meilleure ou moins bonne technique d'information. Il existe au contraire des branches dont le mode de vérité qui les caractérise ne dépend pas d'événements plus ou moins particuliers ayant résulté de multiples décisions individuelles, mais d'une recherche et de découvertes au cours desquelles l'intelligence humaine s'affirme avec ses propriétés d'universalité et d'autonomie : une vérité mathématique ne relève pas des contingences de la société adulte, mais d'une construction rationnelle accessible à toute intelligence saine ; une vérité physique élémentaire est vérifiable par un processus expérimental qui ne relève pas non plus d'opinions collectives, mais d'une démarche rationnelle à la fois inductive et déductive, également accessible à cette intelligence. Le problème est alors, pour ce qui est des vérités de ce type, de décider si elles sont mieux conquises par une transmission éducative analogue à celle qui réussit plus ou moins dans le cas des connaissances du premier type, ou si une vérité n'est réellement assimilée en tant que vérité dans la mesure seulement où elle a été reconstruite ou redécouverte au moyen d'une activité suffisante.

Tel était en 1935 et tel est de plus en plus le problème cardinal de la pédagogie contemporaine. Si l'on désire, comme le besoin s'en fait de plus en plus sentir, former des individus capables d'invention et de faire progresser la société de demain, il est clair qu'une éducation de la découverte active du vrai est supérieure à une éducation ne consistant qu'à dresser les sujets à vouloir par volontés toutes faites et à savoir par vérités simplement acceptées. Mais même si l'on se donne pour but de former des esprits conformistes marchant dans les chemins déjà tracés des vérités acquises, la question subsiste de déterminer si la transmission des vérités établies réussit mieux par des procédés de simple répétition que par une assimilation plus active.

Or, c'est en définitive à ce problème, et sans l'avoir cherché, que la psychologie de l'enfant, largement développée depuis 1935, répond aujourd'hui de façon plus complète qu'auparavant. Et elle y répond en particulier sur trois points, qui sont tous les trois d'importance décisive pour le choix des méthodes didactiques et même pour l'élaboration des programmes d'enseignement : la nature de l'intelligence ou de la connaissance, le rôle de l'expérience dans la formation des notions et le mécanisme des transmissions sociales ou linguistiques de l'adulte à l'enfant.

La formation de l'intelligence et la nature active des connaissances.

En un article récent de l'*Encyclopédie britannique*, R. M. Hutchins déclare que le but principal de l'enseignement est de développer l'intelligence elle-même et surtout d'apprendre à la développer « aussi longtemps qu'elle est capable de progrès », c'est-à-dire bien au-delà de la terminaison de la vie scolaire. Que les fins, avouées ou secrètes, assignées à l'éducation consistent à subordonner l'individu à la société telle qu'elle est ou à préparer une société meilleure, chacun acceptera sans doute la formule de Hutchins. Mais il n'est pas moins clair qu'elle ne signifie pas encore grand-chose tant que l'on ne précise pas en quoi consiste l'intelligence, car, si les idées du sens commun sur ce sujet sont aussi uniformes qu'inexactes, celles des théoriciens varient suffisamment pour inspirer les pédagogies les plus divergentes. Il est donc indispensable de consulter les faits pour savoir ce qu'est l'intelligence, et l'expérience psychologique ne saurait répondre à cette question qu'en caractérisant cette intelligence par son mode de formation et de développement. Or, c'est bien en ce domaine que la psychologie de l'enfant a fourni le plus de résultats nouveaux depuis 1935.

Les fonctions essentielles de l'intelligence consistent à comprendre et à inventer, autrement dit à construire des structures en structurant le réel. Il apparaît, en effet, de plus en plus que ces deux fonctions sont indissociables puisque, pour comprendre un phénomène ou un événement, il faut reconstituer les transformations dont ils sont la résultante et que, pour les reconstituer, il faut avoir élaboré une structure de transformations, ce qui suppose une part d'invention ou de réinvention. Or, si les théories anciennes de l'intelligence (empirisme associationniste, etc.) mettaient tout l'accent sur la compréhension (en l'assimilant même à une réduction du complexe au simple, sur un modèle atomistique où la sensation, l'image et l'association jouaient les rôles essentiels) et considéraient l'invention comme la simple découverte de réalités déjà existantes, les théories plus récentes et de plus en plus contrôlées par les faits subordonnent au contraire la compréhension à l'invention en considérant celle-ci comme l'expression d'une construction continuelle de structures d'ensemble.

Le problème de l'intelligence, et avec lui le problème central de la pédagogie de l'enseignement, est ainsi apparu comme lié au problème épistémologique fondamental de la nature des connaissances : celles-ci constituent-elles des copies de la réalité ou au contraire des assimilations du réel à des structures de transformations ? Les conceptions de la connaissance-copie n'ont pas été abandonnées par chacun, loin de là, et elles continuent d'inspirer bien des méthodes éducatives, jusque souvent à ces méthodes intuitives où l'image et les présentations audio-visuelles jouent un rôle que certains sont portés à considérer comme l'étape suprême des progrès pédagogiques. En psychologie de l'enfant, bien des auteurs continuent de penser que la formation de l'intelligence obéit aux lois de l'« apprentissage », sur le modèle de certaines théories anglo-saxonnes du « learning » comme celle de Hull : réponses répétées de l'organisme à des stimuli extérieurs, consolidation de ces répétitions par des renforcements externes, constitution de chaînes d'associations ou de « hiérarchie d'habitudes » qui fournissent une « copie fonctionnelle » des séquences régulières de la réalité, etc.

Mais le fait essentiel, qui contredit ces survivances de l'empirisme associationniste et dont l'établissement a renouvelé nos conceptions de l'intelligence, est que les connaissances dérivent de l'action, non pas dans le sens de simples réponses associatives, mais en un sens beaucoup plus profond qui est celui de l'assimilation du réel aux coordinations nécessaires et générales de l'action. Connaître un objet c'est agir sur lui et le transformer, pour saisir les mécanismes de cette transformation en liaison avec les actions transformatrices elles-mêmes. Connaître c'est donc assimiler le réel à des structures de transformations, et ce sont les structures qu'élabore l'intelligence en tant que prolongement direct de l'action.

Que l'intelligence dérive de l'action, interprétation conforme à la ligne de la psychologie de langue française depuis des décades, aboutit alors à cette conséquence fondamentale : même en ses manifestations supérieures, où elle ne procède plus que grâce aux instruments de la pensée, l'intelligence consiste encore à exécuter et à coordonner des actions, mais sous une forme intériorisée et réflexive. Ces actions intériorisées, mais qui sont donc toujours des actions en tant que processus de transformations, ne sont autres que les « opérations » logiques ou mathématiques, moteurs de tout jugement ou de tout raisonnement. Mais ces opérations ne sont pas seulement des actions intériorisées quelconques, et elles présentent en outre, en tant qu'expressions des coordinations les plus générales de l'action, le double caractère d'être réversibles (toute opération comporte une inverse, comme l'addition et la soustraction, ou une réciproque, etc.), et de se coordonner par conséquent en structures d'ensemble (une classification, la suite des nombres entiers, etc.). Il en résulte que, à tous les niveaux, l'intelligence est une assimilation du donné à des structures de transformations, des structures d'actions élémentaires aux structures opératoires supérieures, et que ces structurations consistent à organiser le réel, en acte ou en pensée, et non pas à le copier simplement.

Le développement des opérations.

C'est ce développement continu, conduisant des actions sensori-motrices initiales aux opérations les plus abstraites, que la psychologie de l'enfant a cherché à décrire en ces trente dernières années, et les faits obtenus en de nombreux pays ainsi que leurs interprétations de plus en plus convergentes fournissent aujourd'hui aux éducateurs qui désirent s'en servir des éléments de référence suffisamment consistants.

Ce point de départ des opérations intellectuelles est donc à chercher jusqu'en une première période du développement caractérisée par les actions et l'intelligence sensori-motrice. N'utilisant comme instruments que les perceptions et les mouvements, sans être encore capable de représentation ou de pensée, cette intelligence toute pratique n'en témoigne pas moins, au cours des premières années de l'existence, d'un effort de compréhension des situations. Elle aboutit, en effet, à la construction de schèmes d'action qui serviront de substructures aux structures opératoires et notionnelles ultérieures. On observe, par exemple, déjà à ce niveau, la construction d'un schème fondamental de conservation, qui est celui de la permanence des objets solides, recherchés dès 9-10 mois (après des phases essentiellement négatives à cet égard) derrière les écrans qui les séparent de tout champ perceptif actuel. On observe corrélativement la formation de structures déjà presque réversibles, telles que l'organisation des déplacements et des positions en un « groupe » caractérisé par la possibilité de retours et de détours (mobilité réversible). On assiste à la construction de relations causales, d'abord liées à la seule action propre puis progressivement objectivées et spatialisées en liaison avec la construction de l'objet, de l'espace et du temps. L'importance de ce schématisme sensori-moteur pour la formation des futures opérations se vérifie entre autres au fait que chez les aveugles-nés, étudiés à cet égard par Y. Hatwell, l'insuffisance des schèmes de départ entraîne jusqu'à l'adolescence un retard de 3-4 ans et plus, dans la constitution des opérations les plus générales, alors que les aveugles plus tardifs ne présentent pas un décalage aussi considérable.

Vers 2 ans débute une seconde période qui dure jusqu'à 7 ou 8 ans et dont l'apparition est marquée par la formation de la fonction symbolique ou sémiotique. Celle-ci permet de représenter des objets ou des événements non actuellement perceptibles en les évoquant par le moyen de symboles ou de signes différenciés : tels sont le jeu symbolique, l'imitation différée, l'image mentale, le dessin, etc., et surtout le langage lui-même. La fonction symbolique permet ainsi à l'intelligence sensori-motrice de se prolonger en pensée, mais deux circonstances retardent par contre la formation des opérations proprement dites, de telle sorte que, pendant toute cette seconde période, la pensée intelligente demeure préopératoire.

La première de ces circonstances est qu'il faut du temps pour intérioriser les actions en pensée car il est bien plus difficile de se représenter le déroulement d'une action et de ses résultats en termes de pensée que se borner à une exécution matérielle : par exemple imprimer en pensée une rotation à un carré en se représentant tous les 90° la position des côtés diversement colorés est tout autre chose que de faire tourner le carré matériellement et de constater les effets. L'intériorisation des actions suppose ainsi leur reconstruction sur un nouveau plan et cette reconstruction peut passer par les mêmes phases, mais avec un plus grand décalage que la reconstruction antérieure de l'action elle-même.

En second lieu cette reconstruction suppose une décentration continuelle beaucoup plus large qu'au niveau sensori-moteur. Durant les deux premières années du développement déjà (période sensori-motrice), l'enfant a été obligé d'accomplir en petit une sorte de révolution copernicienne : ramenant, au début, tout à lui et à son corps propre, il a finit par constituer un univers spatio-temporel et causal tel que son corps ne soit plus considérer que comme un objet parmi les autres en un immense réseau de relations qui le dépassent. Sur le plan des reconstructions en pensée il en va de même mais à une bien plus large échelle et avec une difficulté en plus : il s'agit de se situer par rapport à l'ensemble des choses mais encore par rapport à l'ensemble des personnes, ce qui suppose une décentration à la fois relationnelle et sociale, donc un passage de l'égocentrisme à ces deux formes de coordinations, sources de la réversibilité opératoire (inversions et réciprocités).

Faute d'opérations l'enfant ne parvient pas, au cours de cette seconde période à constituer les notions les plus élémentaires de conservation, conditions de la déductibilité logique. Il s'imagine ainsi qu'une dizaine de jetons alignés donnent un nombre plus grand lorsqu'ils sont espacés ; qu'une collection divisée en deux augmente en quantité par rapport au tout initial ; qu'une ligne droite une fois brisée représente un plus long chemin ; que la distance entre A et B n'est pas nécessairement la même qu'entre B et A (surtout en pente) ; qu'un liquide en un verre A voit sa quantité croître et si on le verse en un verre B plus mince, etc.

Vers 7-8 ans débute par contre une troisième période où ces problèmes et bien d'autres sont aisément résolus par le fait des intériorisations, coordinations et décentrations croissantes qui aboutissent à cette forme générale d'équilibre que constitue la réversibilité opératoire (inversions et réciprocités). En d'autres termes, on assiste à la formation des opérations : réunions et dissociations de classes, sources de la classification ; enchaînement de relation A < B < C... source de la sériation ; correspondances, sources des tables à double entrée, etc. ; synthèse des inclusions de classes et de l'ordre sérial, ce qui engendre les nombres ; partitions spatiales et déplacements ordonnés, d'où leur synthèse qui est la mesure, etc.

Mais ces multiples opérations naissantes ne couvrent encore qu'un domaine doublement limité. D'une part, elles ne portent encore que sur des objets, et non pas sur des hypothèses énoncées verbalement sous forme de propositions (d'où l'inutilité des discours dans les premières classes primaires et la nécessité d'un enseignement concret). D'autre part, elles procèdent encore de proche en proche, par opposition aux futures opérations combinatoires et proportionnelles, dont la mobilité sera bien supérieure. Ces deux limitations sont d'un certain intérêt et montrent en quoi ces opérations initiales, que l'on appelle « concrètes », sont encore proches de l'action dont elles dérivent, car les réunions, sériations correspondances, etc., exécutées sous forme d'actions matérielles présentent effectivement ces deux sortes de caractères.

Vers 11-12 ans enfin apparaît une quatrième et dernière période, dont le palier d'équilibre est situé au niveau de l'adolescence. Son caractère général est la conquête d'un nouveau mode de raisonnement, qui ne porte plus exclusivement sur des objets ou des réalités directement représentables mais aussi sur des « hypothèses », c'est-à-dire sur des propositions dont il est possible de tirer les conséquences nécessaires sans décider de leur vérité ou fausseté avant d'avoir examiné le résultat de ces implications. On assiste donc à la formation de nouvelles opérations, dites « propositionnelles », en plus des opérations concrètes : implications (« si... alors »), disjonctions (« ou... ou »), incompatibilités, conjonctions, etc. Et ces opérations présentent deux nouveaux caractères fondamentaux. En premier lieu, elles comportent une combinatoire, ce qui n'est pas le cas des « groupements » de classes et de relations du niveau précédent, et cette combinatoire s'applique d'emblée aux objets ou aux facteurs physiques aussi bien qu'aux idées et aux propositions. En second lieu, chaque opération proportionnelle correspond à une inverse et à une réciproque, de telle sorte que ces deux formes de réversibilité jusque-là dissociées (l'inversion pour les classes et la réciprocité pour les relations) sont désormais réunies en un système d'ensemble présentant la forme d'un groupe de quatre transformations.

Les aspects figuratifs et opératifs de la connaissance.

Le développement spontané de l'intelligence, qui conduit des actions sensori-motrices élémentaires aux opérations concrètes puis formelles, est ainsi caractérisé par la constitution progressive de systèmes de transformations. Nous appellerons « opératif » cet aspect des connaissances, le terme d'opératif embrassant aussi bien les actions initiales que les structures proprement opératoires (au sens strict). Mais les réalités qu'il s'agit de connaître ne consistent pas seulement en « transformations » et consistent également en « états », puisque chaque transformation part d'un état pour aboutir à un autre, et que chaque état constitue le produit ou le point de départ de transformations. Nous appellerons « figuratifs » les instruments de connaissance qui portent sur les états ou qui traduisent les mouvements et transformations en termes de simple succession d'états : telles sont la perception, l'imitation et cette sorte d'imitation intériorisée que constitue l'image mentale.

Or, sur ces points encore la psychologie de l'enfant a fourni de nouveaux faits depuis 1935 et qui sont de nature à intéresser l'éducateur. De tout temps, en effet, on a songé à l'éducation sensorielle et Froebel avait cherché à la codifier pour les niveaux préscolaires. Périodiquement on insiste sur le rôle des présentations « intuitives » et il arrive souvent que des pédagogues bien intentionnés imaginent que l'avantage principal des méthodes actives est de remplacer l'abstraction par les contacts concrets (alors qu'il existe une construction « active » de l'abstrait comme on l'a vu ci-dessus) et croient même parvenir à la pointe du progrès éducatif en multipliant les figurations intuitives sous des formes qui n'ont plus rien d'actif. Il est donc de quelque utilité pédagogique d'examiner comment les travaux psychologiques récents présentent les relations entre les aspects figuratifs et opératifs de la pensée.

Pour ce qui est d'abord de la perception, il est de plus en plus difficile aujourd'hui de croire comme jadis que les notions et opérations sont tirées de cette perception par simples abstractions et généralisations. Michotie a, il est vrai, en 1954 cherché à prouver que la notion de cause trouvait sa source dans une « perception de la causalité » et l'on retrouve effectivement cette forme de perception jusque chez l'enfant très jeune. Mais nous avons pu montrer que la causalité sensori-motrice ne dérive pas de la causalité perceptive et que, au contraire, la causalité perceptive visuelle s'appuie sur une causalité tactico-kinesthésique qui dépend elle-même de l'action propre en son ensemble et pas exclusivement de facteurs perceptifs : il en résulte que la causalité opératoire plonge ses racines dans la causalité sensori-motrice et non pas perceptive, cette dernière dépendant elle-même de la causalité sensori-motrice en ses aspects moteurs aussi bien que perceptifs. Cet exemple est représentatif de bien d'autres : en tous les cas où l'on croit tirer sans plus une notion d'une perception, on oublie l'action, et l'on s'aperçoit ensuite du fait que l'activité sensori-motrice constitue la source commune des notions et des perceptions correspondantes. Il y a là un fait général et fondamental que l'éducation ne saurait négliger.

Quant à la représentation imagée, les faits étudiés témoignent tout autant de la subordination constante des aspects figuratifs aux aspects opératifs de la pensée. A suivre le développement des images mentales chez l'enfant, on constate en effet, que, aux niveaux préopératoires, l'image demeure étonnamment statique et reproductrice faute de pouvoir anticiper les mouvements ou le résultat des transformations : par exemple l'enfant de 4-6 ans se représente la transformation d'un arc en une droite par étirement d'un fil de fer courbé comme fournissant une droite égale à la corde (faute d'oser dépasser les frontières extrêmes de l'arc initial) et comme un passage brusque, faute de pouvoir imaginer les états intermédiaires. Ce n'est que sous l'influence des opérations concrètes naissantes que, à 7-8 ans et au-delà, l'image devient à la fois anticipatrice et plus mobile. L'évolution des images mentales n'obéit donc pas à des lois autonomes mais suppose l'intervention d'apports extérieurs à elles, qui sont de nature opérative. Même dans le domaine des images-souvenirs et de la mémoire, on peut montrer combien la structuration et la conservation même des souvenirs sont liées au schématisme des actions et des opérations : en faisant comparer, par exemple, sur des groupes distincts d'enfants la mémoire d'un assemblage de cubes, selon que cet assemblage a été (a) simplement regardé ou perçu, (b) reconstruit par l'enfant lui-même, ou (c) construit par l'adulte sous les yeux de l'enfant, constate un net avantage pour les souvenirs du type *b*. La démonstration par l'adulte (c) ne donne rien de mieux que la simple perception (a), ce qui montre une fois de plus qu'en faisant des expériences devant l'enfant, au lieu de les lui faire faire lui-même, on perd toute la valeur informatrice et formatrice que présente l'action propre comme telle.

Maturation et exercice.

Le développement de l'intelligence, tel qu'il ressort des travaux récents que nous venons de décrire, relève de processus naturels ou spontanés, en ce sens qu'ils peuvent être utilisés et accélérés par l'éducation familiale ou scolaire mais qu'ils n'en dérivent pas et constituent au contraire la condition préalable et nécessaire de l'efficacité de tout enseignement (cf. les oligophrènes chez lesquels les meilleures formes d'éducation ne suffisent pas à faire apparaître l'intelligence dont ils sont dépourvus). Ce caractère spontané du développement opératoire est attesté par les études comparatives que l'on a pu faire en divers pays (on a, par exemple, retrouvé les conservations opératoires chez des enfants analphabètes des campagnes iraniennes et chez les sourds-muets (léger retard systématique, mais moindre que chez les aveugles).

On pourrait donc supposer que les opérations intellectuelles constituent l'expression de coordinations nerveuses s'élaborant en fonction de la seule maturation organique. Effectivement, la maturation du système nerveux n'est achevée qu'au niveau de 15 ou 16 ans, et il semble donc évident qu'elle joue un rôle nécessaire dans la formation des structures mentales, bien que ce rôle soit fort mal connu.

Mais une condition nécessaire n'est pas pour autant suffisante et il est facile de montrer que la maturation n'est pas le seul facteur en jeu dans le développement opératoire : la maturation du système nerveux se borne à ouvrir des possibilités, exclues jusqu'à certains niveaux d'âge, mais il reste à les actualiser, et cela suppose d'autres conditions dont la plus immédiate est l'exercice fonctionnel lié aux actions.

La preuve de ce caractère limité du rôle de la maturation est que, si les stades de développement que nous avons décrits se succèdent toujours dans le même ordre, ainsi que leurs sous-stades, ce qui montre bien le caractère « naturel » et spontané de leur déroulement séquentiel (chacun étant nécessaire à la préparation du suivant et à l'achèvement du précédent), ils ne correspondent pas, par contre, à des âges absolus et l'on observe au contraire des accélérations ou des retards selon les divers milieux sociaux et l'expérience acquise. Les psychologues canadiens ont, par exemple, relevé des retards s'étendant jusqu'à 4 ans du point de vue de nos épreuves opératoires chez des enfants de la Martinique dont la scolarité primaire est conforme au programme français.

Les facteurs d'expérience acquise.

On a de plus en plus insisté au cours de ces dernières années, et nous ne nous lasserons pas de le répéter, sur la lacune fondamentale de la plupart de nos méthodes d'enseignement qui, en une civilisation reposant pour une très grande part sur les sciences d'expérience, négligent presque totalement la formation de l'esprit expérimental chez les élèves. Il est donc d'un certain intérêt d'examiner ce que la psychologie de l'enfant a pu nous apprendre en ces dernières années sur le rôle de l'expérience acquise dans la formation de l'intelligence et sur le développement de l'expérimentation spontanée.

Sur le premier point nous savons aujourd'hui que l'expérience est nécessaire au développement de l'intelligence, mais qu'elle n'est pas suffisante et surtout qu'elle se présente sous deux formes bien différentes que n'avait pas distinguées l'empirisme classique : l'expérience physique et l'expérience logico-mathématique.

L'expérience physique consiste à agir sur les objets et à découvrir des propriétés par abstraction à partir de ces objets : par exemple soupeser des objets et constater que les plus lourds ne sont pas toujours les plus gros. L'expérience logico-mathématique (indispensable aux niveaux où la déduction opératoire n'est pas encore possible) consiste également à agir sur les objets mais à découvrir des propriétés par abstraction à partir, non pas des objets comme tels, mais des actions elles-mêmes qui s'exercent sur ces objets : par exemple aligner des cailloux et découvrir que leur nombre est le même en procédant de gauche à droite et de droite à gauche (ou en cercle, etc.) ; en ce cas, ni l'ordre, ni la somme numérique n'appartenaient aux cailloux avant qu'on les ordonne ou qu'on les compte et la découverte que la somme est indépendante de l'ordre (= commutativité) a consisté à abstraire cette constatation des actions elles-mêmes de dénombrer et ordonner, quoique la « lecture » de l'expérience ait porté sur les objets, puisque ces propriétés de somme et d'ordre ont été en fait introduites par les actions dans ces objets.

Quant à l'expérience physique, elle demeure longtemps assez fruste chez l'enfant, comme elle l'est d'ailleurs restée jusqu'au XVIIe siècle dans l'histoire de la civilisation occidentale elle-même, et ne consiste d'abord qu'à classer les objets et à les mettre en relation ou en correspondance grâce aux opérations « concrètes », mais sans dissociation systématique des facteurs en jeu. Cette manière directe d'aborder le réel, plus proche de l'expérience immédiate que de l'expérimentation proprement dite, suffit parfois à conduire le sujet à la découverte de certaines relations causales : par exemple, lorsque l'enfant parvient vers 7-8 ans aux opérations additives et aux notions de conservation qui en découlent, il parviendra à comprendre que le sucre dissous dans l'eau ne s'anéantit pas, comme il le croyait d'abord, mais se conserve sous la forme de petits grains invisibles dont la somme équivaut à la quantité totale des morceaux immergés, etc. Mais dans la plupart des cas, les opérations concrètes ne suffisent pas à l'analyse des phénomènes. Avec les opérations propositionnelles, par contre, et surtout avec la combinatoire qu'elles rendent possible, on assiste entre 11-12 et 14-15 ans à la formation d'un esprit expérimental : en présence d'un phénomène un peu complexe (flexibilité, oscillations d'un pendule, etc.) le sujet cherche à dissocier les facteurs et à les faire varier chacun isolément en neutralisant les autres, ou à les combiner entre eux de façon systématique, etc. L'école ignore souvent le développement possible de telles aptitudes et nous reviendrons sur le problème pédagogique essentiel que soulève leur existence.

La transmission éducative et l'équilibration.

En plus des facteurs de maturation et d'expérience, l'acquisition des connaissances dépend naturellement des transmissions éducatives ou sociales (linguistiques, etc.), et c'est même à ce seul processus qu'a songé longtemps l'école traditionnelle. La psychologie ne cherche nullement à la négliger, mais se met à l'étude des questions qui le concernent et que l'on aurait pu croire depuis longtemps résolues : le succès d'une telle transmission ne dépend-elle que de la plus ou moins bonne présentation par l'adulte lui-même de ce qu'il désire inculquer à l'enfant ou suppose-t-il chez ce dernier la présence d'instruments d'assimilation faute desquels il ne saurait y avoir de compréhension ?

En ce qui concerne l'action de l'expérience sur la formation des connaissances, c'est devenu depuis longtemps une banalité que de montrer en quoi l'esprit n'est pas une table rase sur laquelle viendraient s'inscrire des liaisons toutes faites imposées par le milieu extérieur : on constate au contraire, et les travaux récents l'ont de plus en plus confirmé, que toute expérience nécessite une structuration du réel, autrement dit que l'enregistrement de toute donnée extérieure suppose des instruments d'assimilation inhérents à l'activité du sujet. Mais lorsqu'il s'agit de la parole adulte, transmettant ou cherchant à transmettre des connaissances déjà structurées par le langage ou par l'intelligence des parents ou des maîtres eux-mêmes, on s'imagine que cette assimilation préalable suffit et que l'enfant n'a plus qu'à incorporer ces nourritures intellectuelles déjà digérées, comme si la transmission n'exigeait pas une nouvelle assimilation, c'est-à-dire une restructuration dépendant cette fois des activités de l'auditeur. En un mot, dès qu'il s'agit de la parole ou d'enseignement verbal, on part du postulat implicite que cette transmission éducative fournit à l'enfant les instruments comme tels de l'assimilation, en même temps que les connaissances à assimiler, en oubliant que de tels instruments ne peuvent s'acquérir que par une activité interne et que toute assimilation est une restructuration ou une réinvention.

Des recherches récentes l'ont montré sur le terrain du langage lui-même. Un enfant du niveau préparatoire de 5 ou 6 ans dira de deux réglettes, dont il a constaté l'égalité de longueur par congruence, que l'une est devenue plus longue que l'autre si on l'introduit en dépassement de quelques centimètres, parce que le terme « plus long » est compris (notionnellement comme sémantiquement) en un sens ordinal et non pas métrique, donc dans le sens de « arrivant plus loin ». Il dira de même, en présence d'une sériation $A < B < C$ que A est petit, C grand et B moyen, mais aura beaucoup de peine à admettre que B est à la fois plus grand que A et plus petit que C, parce que les qualités de « grand » et de « petit » sont longtemps incompatibles, etc. En un mot, le langage ne suffit pas à transmettre une logique et il n'est compris que grâce à des instruments d'assimilation logiques de source plus profonde parce que relevant de la coordination générale des actions ou des opérations.

Les conclusions principales que les travaux variés de la psychologie de l'enfant offrent à la pédagogie depuis quelques années sont ainsi relatives à la nature même du développement intellectuel. D'une part, ce développement tient essentiellement aux activités du sujet et, de l'action sensori-motrice aux opérations les mieux intériorisées, le ressort en est constamment une opérativité irréductible et spontanée. D'autre part, cette opérativité n'est ni préformée une fois pour toutes, ni explicable par les seuls apports extérieurs de l'expérience ou de la transmission sociale : elle est le produit de constructions successives et le facteur principal de ce constructivisme est une équilibration par autorégulations permettant de remédier aux incohérences momentanées, de résoudre les problèmes et de surmonter les crises ou les déséquilibres par une constante élaboration de structures nouvelles que l'école peut ignorer ou favoriser selon les méthodes employées. Il n'était donc pas inutile, avant d'examiner l'évolution de celles-ci, de rappeler les quelques progrès récents d'une psychologie de l'enfant en plein développement quoique encore fort loin d'avoir défriché l'immense territoire qui reste à explorer.

3

L'évolution de quelques branches d'enseignement

Quelques branches particulières de l'enseignement ont donné lieu depuis 1935 à des réexamens de leurs programmes et de leur didactique, sous l'effet de trois sortes de causes, parfois convergentes et parfois indépendantes. La première de ces raisons est l'évolution interne des disciplines enseignées : les mathématiques, par exemple, ont subi une refonte extrêmement profonde depuis quelques années, au point que leur langage même en a été bouleversé et il est donc normal que l'on cherche à adapter les élèves, dès les petites classes, à un monde nouveau de concepts qui sans cela pourraient leur demeurer perpétuellement étrangers. La seconde raison est l'apparition de nouveaux procédés didactiques : les débuts du calcul ont par exemple donné lieu à l'utilisation de nouveaux matériels concrets. La troisième raison est le recours, encore très modeste mais parfois effectif, aux données de la psychologie de l'enfant et de l'adolescent.

Ces trois sortes de mobiles peuvent donc converger, mais cela n'est pas nécessairement le cas et il peut arriver ainsi que l'on s'efforce d'enseigner les mathématiques les plus modernes au moyen des méthodes les plus traditionnelles, faute de chercher à dégager le rapport entre les structures mathématiques nouvellement découvertes avec les structures opératoires spontanément construites au cours du développement mental.

La didactique des mathématiques.

L'enseignement des mathématiques a toujours posé un problème assez paradoxal. Il existe, en effet, une certaine catégorie d'élèves par ailleurs intelligents et qui peuvent même témoigner en d'autres domaines d'une intelligence supérieure, mais qui échouent plus ou moins systématiquement en mathématiques. Or, celles-ci constituent un prolongement direct de la logique elle-même, au point qu'il est impossible actuellement de tracer une frontière stable entre ces deux domaines (et cela quelle que soit l'interprétation donnée de ce rapport : identité, construction progressive, etc.). Il est donc difficile de concevoir que des sujets bien doués dans l'élaboration et l'utilisation des structures logico-mathématiques spontanées de l'intelligence se trouvent handicapés dans la compréhension d'un enseignement portant exclusivement sur ce que l'on peut tirer de telles structures. Or le fait est là et soulève donc un problème.

On répond d'habitude d'une manière un peu facile en parlant d'« aptitude » aux mathématiques (ou de « bosse », en souvenir de Gall). Mais, si ce que nous venons de supposer est exact, quant aux rapports de cette forme de connaissance avec les structures opératoires fondamentales de la pensée, ou bien cette « aptitude » ou cette « bosse » se confond avec l'intelligence elle-même, ce qui n'est pas censé être le cas, ou bien elle est toute relative, non pas aux mathématiques comme telles, mais à la manière dont on les enseigne. En effet, les structures opératoires de l'intelligence, tout en étant de nature logico-mathématique, ne sont pas conscientes en tant que structures dans l'esprit des enfants : ce sont des structures d'actions ou d'opérations, qui dirigent certes le raisonnement du sujet mais ne constituent pas un objet de réflexion de sa part (de même qu'on peut chanter juste sans se trouver obligé de construire une théorie du solfège et même sans savoir lire la musique). L'enseignement des mathématiques convie au contraire les sujets à une réflexion sur les structures, mais il le fait au moyen d'un langage technique comportant un symbolisme très particulier et exigeant un degré plus ou moins haut d'abstraction. La soi-disant « aptitude aux mathématiques » peut donc fort bien porter sur la compréhension de ce langage lui-même, par opposition aux structures qu'il décrit, ou sur la vitesse d'abstraction en tant qu'elle est liée à un tel symbolisme et non pas en tant que réflexion sur des structures par ailleurs naturelles. De plus, comme tout se tient en une discipline entièrement déductive, l'échec ou l'incompréhension portant sur tel ou tel chaînon entraîne une difficulté croissante dans la suite des enchaînements, de telle sorte que l'élève désadapté sur un point ne comprend plus la suite et en vient à douter de plus en plus de lui : des complexes affectifs, souvent renforcés par l'entourage, finissent alors par bloquer une initiation qui eût pu être toute différente.

En un mot, le problème central de l'enseignement des mathématiques est celui de l'ajustement réciproque des structures opératoires spontanées propres à l'intelligence et du programme ou des méthodes relatifs aux domaines mathématiques enseignés. Or, ce problème s'est profondément modifié en ces dernières décades à cause des transformations des mathématiques elles-mêmes : par un processus en apparence paradoxal, mais psychologiquement naturel et fort explicable, les structures plus abstraites et plus générales des mathématiques contemporaines rejoignent bien davantage les structures opératoires naturelles de l'intelligence et de la pensée que ne le faisaient les structures particulières qui constituaient l'armature des mathématiques classiques et de l'enseignement.

On sait, en effet, que depuis les travaux de l'école Bourbaki (prolongeant eux-mêmes une longue suite d'efforts orientés dans le même sens), les mathématiques apparaissent aujourd'hui non plus comme un ensemble de chapitres plus ou moins séparés, mais comme une vaste hiérarchie de structures s'engendrant les unes les autres à partir de quelques « structures mères » qui se combinent entre elles ou se différencient de diverses manières. Ces structures élémentaires sont au nombre de trois : les structures algébriques, caractérisées par une réversibilité à forme d'inversion ($T - T^{-1} = O$) et dont le prototype est le « groupe », les structures d'ordre, dont la réversibilité est une réciprocité caractéristique des sytèmes de relations, et dont le prototype est le « réseau » et les structures topologiques portant sur les notions de continuité et de voisinage (correspondances biunivoques et bicontinues, etc.).

Or, il se trouve que ces trois structures mères correspondent d'assez près aux structures opératoires fondamentales de la pensée. Dès les « opérations concrètes » dont il a déjà été question on trouve des structures algébriques dans les « groupements » logiques de classes, des structures d'ordre dans les « groupements » de relations et des structures topologiques dans la géométrie spontanée de l'enfant (qui est topologique bien avant d'atteindre les formes projectives ou la métrique euclidienne, conformément à l'ordre théorique et contrairement à l'ordre historique de la constitution des notions). Dès les opérations « propositionnelles » on trouve des structures opératoires de « groupes » et de « réseaux », etc.

S'inspirant des tendances bourbakistes, la mathématique moderne met donc l'accent sur la théorie des ensembles et sur les isomorphismes structuraux plus que sur les compartimentages traditionnels, et tout un mouvement s'est dessiné qui vise à introduire de telles notions le plus tôt possible dans l'enseignement. Or, une telle tendance se justifie pleinement, puisque précisément les opérations de réunions ou d'intersections d'ensembles, les mises en correspondance sources des isomorphismes, etc., sont des opérations que l'intelligence construit et utilise spontanément dès 7 ou 8 ans et bien plus encore dès 11-12 ans (en arrivant à ce niveau à la structure complexe des « ensembles de parties », source de la combinatoire et des « réseaux »).

Seulement l'intelligence élabore et utilise ces structures sans en prendre conscience sous une forme réfléchie, non pas comme M. Jourdain faisait de la prose sans le savoir, mais plus encore comme n'importe quel adulte non logicien manipule des implications, des disjonctions, etc., sans avoir la moindre idée de la manière dont la logique symbolique ou algébrique parvient à mettre ces opérations en formules abstraites et algébriques. Le problème pédagogique subsiste donc entièrement, malgré le progrès de principe réalisé par le retour aux racines naturelles des structures opératoires, de trouver les méthodes les plus adéquates pour passer de ces structures naturelles mais non réfléchies à la réflexion sur de telles structures et à leur mise en théorie.

Or, c'est ici que réapparaît le conflit dont nous parlions au début de ce paragraphe entre la manipulation opératoire des structures et le langage symbolique pouvant permettre de les exprimer. Les structures les plus générales des mathématiques modernes sont en même temps les plus abstraites, tandis que les mêmes structures ne sont représentées dans l'esprit des enfants que sous la forme de manipulations concrètes, matérielles ou verbales. Le mathématicien non accoutumé à la psychologie peut, d'autre part, craindre en tout exercice concret un obstacle à l'abstraction, tandis que le psychologue est habitué à distinguer soigneusement l'abstraction à partir des objets (source d'expérience physique, étrangère à la mathématique) et l'abstraction à partir des actions, source de la déduction et de l'abstraction mathématiques. Il ne faut, en effet, pas croire qu'une saine éducation de l'abstraction et de la déduction suppose un emploi prématuré du seul langage et du seul symbolisme techniques, puisque l'abstraction mathématique est de nature opératoire et procède génétiquement par étapes continues à partir des opérations les plus concrètes. Il ne faut pas non plus confondre le concret ni avec l'expérience physique, qui tire ses connaissances des objets et non pas des actions mêmes du sujet, ni avec les présentations intuitives au sens de figuratives puisque ces opérations sont tirées des actions et non pas des configurations perceptives ou imagées.

Ces divers malentendus possibles montrent que si l'introduction des mathématiques modernes aux niveaux les plus précoces constitue en principe un grand progrès du point de vue psychopédagogique, les réalisations ont pu, selon les cas, être excellentes ou plus discutables selon les procédés employés. C'est pourquoi la Conférence internationale de l'Instruction publique (Bureau International d'Education et Unesco), en sa session de 1956, a inséré en sa recommandation n° 43 (L'enseignement des mathématiques dans les écoles secondaires) les articles suivants :

20. Il importe : *a)* d'amener l'élève à former les

notions et à découvrir lui-même les relations et les propriétés mathématiques, plutôt que de lui imposer une pensée adulte toute faite ; *b)* d'assurer l'acquisition des notions et des processus opératoires avant d'introduire le formalisme ; *c)* de ne confier à l'automatisme que les opérations assimilées.

21. Il est indispensable : *a)* de faire acquérir d'abord à l'élève l'expérience des êtres et des relations mathématiques et de l'initier ensuite au raisonnement déductif ; *b)* d'étendre progressivement la construction déductive des mathématiques ; *c)* d'apprendre à poser les problèmes, à rechercher des données, à les exploiter et à apprécier les résultats ; *d)* d'accorder la préférence à l'investigation heuristique des questions plutôt qu'à l'exposé doctrinal des théorèmes ; ...

22. Il faut : *a)* d'étudier les erreurs des élèves et voir en elles un moyen de connaître leur pensée mathématique ; *b)* entraîner à la pratique du contrôle personnel et de l'autocorrection ; *c)* donner le sens de l'approximation ; *e)* donner la priorité à la réflexion et au raisonnement..., etc.

L'importance ainsi soulignée de la recherche personnelle de l'élève est valable à tous les niveaux. Dès les premières initiations au calcul, un éducateur belge, Cuisenaire, a introduit un matériel concret sous forme de réglettes comportant des assemblages de diverses unités et connu sous le nom de « nombres en couleurs ». Le principe en est exactement celui qu'avaient utilisé Mlles Audemars et Lafendel à la Maison des Petits à Genève, mais l'innovation consiste à distinguer par leurs couleurs respectives les règles de longueurs 1, 2, 3, etc. Or, tant cette introduction des couleurs que le principe même de la correspondance des unités spatiales et des nombres peuvent donner lieu à des interprétations et à des applications extrêmement différentes, malgré les efforts de C. Gattegno pour introduire une espèce d'inspection internationale (dont on peut penser ce que l'on veut) de la « méthode Cuisenaire », car il n'existe pas en effet de « méthode Cuisenaire » unifiée, mais une pluralité de méthodes s'échelonnant du meilleur au pire (et cela dit sans diminuer en rien les grands mérites de Cuisenaire lui-même). Excellent lorsqu'il donne lieu à des manipulations actives et à des découvertes par l'enfant lui-même, dans la ligne de son développement opératoire spontané, ce matériel peut donner lieu à la tentation de démonstrations faites devant l'enfant par l'adulte seul, ce qui facilite certes la compréhension par rapport à des méthodes plus verbales ou plus statiques, mais ce qui risque (et ce risque est renforcé par la présence des couleurs) de faire primer les configurations sur les opérations, donc les aspects figuratifs de la pensée (perception, imitation et images) sur les aspects opératifs (actions et opérations). Le risque devient réalité, avec tous les dangers qu'elle comporte, lorsque l'accent est définitivement mis sur les relations de couleurs (c'est pourquoi la Maison des Petits avait renoncé à cet auxiliaire ambivalent) et lorsque l'on croit être ainsi fidèle aux lignes directrices de l'école active alors que l'on ne fait plus que de l'enseignement intuitif.

Aussi bien une série de recherches sont-elles

actuellement en cours, au Canada, en Grande-Bretagne, en Suisse, etc., sur les avantages et les inconvénients des diverses méthodes utilisées sous le nom de Cuisenaire : l'un des procédés d'analyse employés consiste à comparer des groupes d'enfants éduqués selon les méthodes habituelles ou avec les nombres en couleurs en évaluant les niveaux atteints au moyen de nos diverses épreuves opératoires. Il semble à cet égard que l'on assiste à un progrès partiel du développement dans les cas où la méthode des nombres en couleurs est utilisée sur un mode actif et opératoire et où bien entendu les maîtres dominent suffisamment les éléments des mathématiques modernes et de la psychologie des opérations intellectuelles.

A des niveaux plus élevés et jusqu'au baccalauréat (mais à partir des débuts mêmes du calcul et sans employer les nombres en couleurs) des essais systématiques sont en cours, notamment à Neuchâtel sous la direction du mathématicien et pédagogue L. Pauli, pour utiliser à titre d'exercices éducatifs les dispositifs expérimentaux que nous avions employés dans un but psychologique, et cela dans le but explicite de fournir un enseignement des structures de la mathématique moderne en partant des structures opératoires spontanées. Un effort du même genre, et remarquable par son imagination à inventer de nouveaux dispositifs structuraux, a été fourni par Dienes, en Australie et dans les nombreux pays où il a séjourné.

La formation de l'esprit expérimental et l'initiation aux sciences physiques et naturelles.

La société contemporaine a été transformée profondément (et l'avenir dira si c'est pour son bien ou pour sa destruction) par les travaux des physiciens, des chimistes et des biologistes. Il n'en reste pas moins que l'élite des spécialistes et des inventeurs constitue une fraction infime et hétérogène du corps social, d'abord parce que leurs recherches sont fort mal comprises en leur esprit général aussi bien qu'en leur détail technique, ensuite parce que l'éducation intellectuelle courante et l'instruction publique se sont trouvées singulièrement désadaptées en égard aux besoins nouveaux de formation et de recrutement, tant sur le plan technique, d'ailleurs, que sur le terrain scientifique.

L'éducation traditionnelle de certains grands pays a mis tout l'accent, en effet, sur les humanités et sur les mathématiques, comme si les deux qualités dominantes de l'homme rationnel étaient de se mouvoir aisément dans l'histoire et dans la déduction formelle. Quant à la pratique expérimentale, elle faisait figure d'activité mineure, bonne pour les civilisations à philosophie empiriste (malgré tout ce que l'on a pu dire de l'inadéquation d'une telle philosophie aux conditions authentiques de l'expérimentation proprement scientifique). Aussi bien croyait-on avoir fourni une formation expérimentale suffisante en initiant l'élève aux résultats des expériences passées ou en lui donnant le spectacle d'expériences de démonstration faites par le professeur, comme si l'on apprenait à nager en regardant des baigneurs sans quitter les bancs d'un quai. Il est vrai que l'on a souvent adjoint des laboratoires aux enseignements magistraux, mais répéter des expériences déjà faites est encore fort éloigné d'une éducation de l'esprit d'invention et même d'une formation de l'esprit de contrôle ou de vérification.

Or, si le but de l'éducation intellectuelle est de former l'intelligence plus que de meubler la mémoire, et de former des chercheurs et pas seulement des érudits, il y a là une carence manifeste de l'enseignement traditionnel. Il est vrai que la physique est née quelque vingt bons siècles après les mathématiques, et cela pour des raisons qui expliquent également pourquoi une formation expérimentale est tellement plus difficile à organiser que des cours de latin ou de mathématiques. Mais, et on l'a déjà entrevu plus haut, l'enfant acquiert spontanément entre 11-12 et 14-15 ans, les instruments intellectuels nécessaires à l'expérimentation proprement dite. Ces instruments sont de deux sortes. Ce sont d'abord des instruments de pensée, sous la forme d'une combinatoire et d'opérations propositionnelles permettant d'opposer les implications aux non-implications, les disjonctions non exclusives aux exclusives, les conjonctions aux incompatibilités, etc. C'est ensuite une conduite particulière, rendue possible par ces opérations et qui consiste à dissocier les facteurs par hypothèses préalables et à les faire varier expérimentalement un à un en neutralisant les autres, ou à les combiner de diverses façons.

Deux exemples élémentaires montreront à cet égard la différence des réactions spontanées entre les enfants de 12-15 ans et ceux de 7 à 10-11 ans. 1) Après avoir montré un liquide coloré en jaune on présente quatre liquides *A-D* incolores et inodores et un compte-gouttes *E* en demandant de reproduire la même couleur : les sujets de 7-10 ans les combinent 2 à 2 puis mélangent le tout, sans parvenir à la réussite, tandis que, dès 11-12 ans, ils procèdent 2 à 2, 3 à 3 et 4 à 4 selon toutes les combinaisons possibles et découvrent que la couleur suppose la réunion de trois éléments, qu'un quatrième est un décolorant et qu'un cinquième est neutre. 2) On présente des tiges plus ou moins flexibles en demandant de trouver les facteurs en jeu (longueur, minceur, forme de section, matière de la tige) et de prouver leur rôle effectif. Les sujets de 11-12 ans découvrent déjà plus ou moins ces facteurs, mais par tâtonnements globaux, mise en correspondances sériales, etc., et, pour démontrer par exemple le rôle de la longueur, il leur arrivera de comparer une tige longue et mince à une tige courte et épaisse « pour qu'on voie mieux la différence ». Les sujets de 13-15 ans commencent au contraire par un inventaire des hypothèses possibles, puis étudient chaque facteur en le faisant varier seul, toutes choses égales d'ailleurs : ils comprennent donc bien qu'une variation de deux ou plusieurs facteurs à la fois ne permet pas de conclure (sauf à démontrer qu'une combinaison de deux ou trois facteurs est nécessaire pour produire tel effet particulier comme dans l'expérience 1).

Si en passant du niveau des opérations concrètes à celui des opérations propositionnelles ou hypothético-déductives, l'enfant devient capable à la fois de combiner ces hypothèses et de les vérifier expérimentalement (on trouvera bien d'autres exemples de ces conduites spontanées d'expérimentation rationnelle dans l'ouvrage de B. Inhelder et J. Piaget : *De la logique de l'enfant à la logique de l'adolescent*, Paris, P.U.F.), il va de soi que l'école se doit de développer et d'orienter de telles capacités pour en tirer une éducation de l'esprit expérimental et un enseignement des sciences physiques insistant sur la recherche et la découverte plus que sur la répétition.

C'est ce dont on a enfin commencé à s'aviser en quelques pays et l'on peut citer comme exemple les U.S.A., où le mouvement est intéressant à suivre, car la large part réservée en cette grande nation à l'initiative privée permet de mieux apercevoir les influences en jeu et les étapes des réalisations, si partielles soient-elles (ou précisément parce que telles). L'un des principaux courants est parti de l'Académie nationale des Sciences, à Washington, et du cri d'alarme lancé par d'éminents physiciens comme G. Zacharias et F. Friedman au célèbre Massachusetts Institut of Technology (M.I.T.), qui ont insisté sur la discordance complète existant entre l'esprit de la science en marche et l'enseignement des sciences à tous les degrés. L'Académie des Sciences a alors réuni une conférence d'experts à Woods Hole en 1959 comprenant un ensemble important de mathématiciens, physiciens, biologistes et psychologues américains, plus une invitée étrangère en la personne de notre collaboratrice B. Inhelder. Les travaux de la conférence ont été résumés et interprétés de façon très vivante par le psychologue J. Bruner de Harvard (*The Process of Education*, Harv. Univ. Press 1961) et le M.I.T. a fondé une section de l'enseignement des sciences, couvrant tous les degrés, où des physiciens de métier ne craignent pas de distraire un temps précieux de leurs recherches pour étudier avec des psychologues et des éducateurs la mise au point des méthodes didactiques, et de nombreuses applications ont été tentées.

L'impulsion ainsi donnée a provoqué la constitution de nombreux groupes de travail ne se bornant pas, comme on l'eût facilement fait chez nous, à organiser des colloques ou des conférences, mais se mettant résolument à l'œuvre, dans les écoles mêmes pour se livrer à des expériences didactiques. Et, chose remarquable, on trouve souvent dans ces groupes de recherche des physiciens professionnels se livrant à des investigations pédagogiques sur des enfants très jeunes dans les classes de début. Par exemple, R. Karplus, du département de Physique de l'Université de Californie à Berkeley, a mis au point des dispositifs, dont il a étudié lui-même les résultats, pour initier les plus jeunes sujets à la relativité des points de vue (en faisant décrire les mêmes phénomènes selon les points de vue d'observateurs divers) ou à la causalité par interactions et non par séries temporelles simples (voir *Piaget rediscovered. A Report of the Conference on Cognitive Studies a Curriculum Development,* R.E. Ripple and V.N. Rockastle ed., Cornell University, pp. 113-117). Autre exemple : Ben Nichols, professeur de technique électrique a de même organisé dans les « Educational Services incorporated » une section de « Elementary Science Study Branch », où avec la collaboration de la psychologue et pédagogue E. Duckworth, des groupes d'enfants sont comparés selon qu'ils peuvent ou non se livrer à des activités spontanées avec un matériel permettant de découvrir des lois physiques élémentaires (*Piaget rediscovered,* pp. 119-122).

Il va de soi que ces essais de didactique physique active sont coordonnés avec les efforts pour renouveler l'enseignement des mathématiques et même de la logique en action. C'est ce qu'ont montré J. A. Easley à propos du groupe des quatre transformations (voir chapitre VIII), J. Kilpatrick (School Mathematics study Group), R. A. Davis (Madison Project in mathematics), E. Berger (National Council of Teachers in Mathematics) et d'autres (Illinois mathematics projects, etc.) en des conférences récentes aux universités de Cornell et de Berkeley (voir *Piaget rediscovered,* pp. 109, 128, 134, 139 et 141).

L'enseignement de la philosophie.

L'indéniable renouveau qui caractérise l'enseignement des sciences, de l'école primaire au baccalauréat, et dont nous n'avons cité qu'un exemple pour les disciplines expérimentales alors qu'on pourrait en analyser bien d'autres (U.R.S.S., etc.), soulève un problème général de formation qui a été discuté en plusieurs régions : celui de l'enseignement de la philosophie au niveau secondaire. Jugé important en certains pays, comme en France (où il est d'ailleurs souvent remis en question), inexistant en d'autres où la philosophie ne figure qu'au programme des facultés, il est à coup sûr conçu de façon très variable parce qu'il dépend, encore plus que d'autres, des buts qu'on lui assigne, et que ces buts reflètent eux-mêmes, encore plus qu'en d'autres branches, l'idéologie propre à la société considérée.

Si le but principal de l'éducation intellectuelle est de former l'esprit, il va de soi que, en droit, la réflexion philosophique constitue un objectif essentiel, tant pour les élèves que l'on désire initier surtout à la déduction mathématique et aux méthodes expérimentales que pour ceux dont l'orientation sera celle des humanités et des disciplines historiques. Mais que doit être alors l'initiation philosophique la plus propre à atteindre de telles fins ?

Si, depuis 1935, les transformations des mathématiques et des sciences expérimentales exactes se sont révélées assez générales et de sens assez clair pour que l'on s'accorde dans les grandes lignes sur les conséquences pédagogiques à tirer de ces évolutions, le statut de la philosophie s'est modifié de façon sans doute assez profonde également mais beaucoup moins apparente de telle sorte que les philosophes eux-mêmes sont fort loin d'être d'accord entre eux sur la signification de ces mouvements souterrains.

L'histoire entière de la philosophie manifeste deux tendances principales que l'on pourrait appeler centripète et centrifuge, dont la première est sans doute immuable et n'a pas davantage varié entre 1935 et 1965 qu'entre les Grecs et nous, tandis que la seconde n'a fait que s'accentuer au cours de ces trente dernières années.

La philosophie est d'abord, et c'est là une constante commune à tous les systèmes en leur infinie variété, un effort de coordination des valeurs au sens le plus large, cherchant à situer les valeurs de connaissance dans l'ensemble des autres fins humaines. De ce point de vue, le philosophe aboutit essentiellement à une « sagesse » ou à une sorte de foi raisonnée, que celle-ci soit de nature morale, sociale ou métaphysique. Il va donc de soi que dans cette première perspective, l'enseignement philosophique variera considérablement d'un pays à l'autre, selon qu'il existe une sorte de philosophie d'Etat, spiritualisme ou matérialisme, etc., ou que, au contraire, un Etat libéral désire former des individus à opinions personnelles et variées. Inutile de décrire ces diverses modalités, dont la répartition géographique va de soi et qui se traduiront par des méthodes d'enseignement également variables, s'échelonnant entre l'initiation proprement dite et l'éducation de la réflexion critique.

Mais la philosophie peut être aussi conçue comme un mode de connaissance et c'est là que surgissent les divergences les plus graves et que se manifestent de façon toujours croissante, les tendances centrifuges qui se sont encore accentuées en ces dernières décades (voir notre ouvrage, *Sagesse et illusions de la philosophie*, P.U.F., 1965).

Pour les uns, la philosophie comporte une forme de connaissance propre, de nature para- ou suprascientifique : de ce que les valeurs vitales dépassent les frontières de la science et correspondent à des intuitions évaluatrices irréductibles, on en conclut qu'il existe également une intuition épistémique, fournissant un mode de connaissance spécifique, qu'il s'agirait d'opposer à la connaissance scientifique.

Pour les autres, et l'histoire leur apporte des arguments sans cesse renforcés, la réflexion philosophique aboutit certes à constituer des connaissances, mais dont le propre est de ne progresser que par une délimitation des problèmes et un affinement des méthodes tous deux caractéristiques de la démarche scientifique elle-même : en d'autres termes, dès qu'un groupe de connaissances philosophiques tend à atteindre une certaine précision, il en résulte la constitution d'une science particulière nouvelle, qui se détache du tronc commun.

Sans parler des mathématiques, qui vivaient encore en symbiose avec la philosophie chez Pythagore ou Platon, la logique est un exemple frappant de cette dissociation : issue de la réflexion d'Aristote et des stoïciens, conçue comme généralisable par Leibniz, elle a acquis dès le XIXe siècle son autonomie et ses techniques propres, de plus en plus riches et complexes (avec un nouveau tournant à partir des théorèmes de Gœdel en 1931), à tel point que la logique est aujourd'hui indissociable des mathématiques et que la plupart des philosophes ne parviennent plus à l'enseigner.

La psychologie s'est, de même, dissociée de la philosophie dès les débuts de ce siècle et est enseignée en bien des pays dans la Faculté des Sciences en liaison avec la biologie. L'Association internationale de Psychologie scientifique, qui groupe les sociétés de psychologie d'une trentaine de pays, a constamment refusé l'affiliation au Conseil international de Philosophie et des Sciences humaines pour se protéger contre la spéculation. Seulement comme chacun se croit psychologue et que la coordination des valeurs dont nous parlions à l'instant implique une référence à la vie intérieure, il réapparaît souvent des « psychologies philosophiques » intéressantes pour le moraliste mais sans relation avec la psychologie.

La sociologie témoigne des mêmes lois d'évolution, mais avec quelque retard parce que l'expérimentation y est plus difficile et que la statistique ne suffit pas à tout. Quant à la théorie de la connaissance ou épistémologie, qui suppose à la fois une élaboration logique poussée, des données psychologiques précises et une analyse de plus en plus technique du devenir des sciences, elle donne lieu à des travaux toujours plus spécialisés, dont les principaux sont aujourd'hui l'œuvre des savants eux-mêmes plus que des philosophes de métier (théories du fondement des mathématiques, de l'expérimentation microphysique, etc.).

Il résulte de cette situation complexe une crise indéniable de la philosophie et par conséquent de son enseignement, tant d'ailleurs à l'université qu'au niveau secondaire. Il suffit pour s'en convaincre de constater la diversité des types d'enseignements donnés de cette branche dans les classes du second degré et la diversité des types de préparation des professeurs chargés de cette formation particulière.

Le problème central est naturellement, comme cela découle des rappels qui précèdent, celui des relations entre la philosophie et l'esprit scientifique : réconciliation, divorce, ou compromis divers, telles sont dès lors les principales tendances idéologiques ou culturelles.

Dans les pays de l'Est, le problème s'est atténué du fait que la philosophie officielle est la dialectique marxiste, qui se veut scientifique. L'enseignement philosophique, au niveau du second degré, est donc une initiation à la dialectique, avec des incursions diverses dans les applications scientifiques. En certaines régions comme la Pologne dont l'école logistique est depuis longtemps florissante et prestigieuse, il s'y ajoute une introduction à la logique mathématique, suffisante chez l'élève moyen, pour l'introduire à des problèmes dont les étudiants n'ont, dans nos pays, aucune notion sans initiation spéciale. Mais, en certains milieux de l'Est, la dialectique elle-même peut se présenter sous deux formes : l'une impérialiste, soutenue par les ambitions séculaires du corps des philosophes de diriger les sciences, l'autre immanente et consistant à dégager de façon plus positive les tendances internes de toutes les sciences du devenir ou du développement.

Une autre forme de conciliation entre l'esprit scientifique et l'esprit philosophique, mais plus restrictive et comportant d'indéniables dangers du point de vue des sciences elles-mêmes dont la vitalité est solidaire d'une « ouverture » indéfinie, est celle du positivisme ou « empirisme logique », issu du Cercle de Vienne et qui a rencontré un grand succès dans les pays anglo-saxons. Mais ce mouvement, qui a fortement influencé plusieurs générations, est en perte de vitesse faute d'avoir su (c'est le cas de tout empirisme) maintenir le rôle essentiel des activités du sujet.

Dans les milieux occidentaux non empiristes, la crise de l'enseignement philosophique tient avant tout à la séparation des Facultés des Lettres et des Sciences, et, corrélativement, à celle des sections dites littéraires et scientifiques des écoles du second degré. On ne saurait exagérer les méfaits de tels cloisonnements, dont le résultat le plus clair est la constitution d'une sorte de corps social de philosophes appelés à s'occuper directement de la totalité du réel sans initiation personnelle à ce qu'est une recherche scientifique délimitée. Alors que les grands philosophes de l'histoire ont tous contribué au mouvement scientifique de leur temps ou ont anticipé des travaux possibles (comme les empiristes pour la psychologie ou Hegel pour la sociologie), on forme aujourd'hui des spécialistes du transcendantal qui entrent de plain-pied dans le monde des essences avec d'autant plus d'aisance qu'ils ignorent toute spécialité, même en psychologie. On peut alors se demander si ce n'est pas en vertu d'une sorte d'artefact sociologique, que des esprits ainsi formés formeront à leur tour les générations des sections littéraires des lycées en entretenant le divorce de l'esprit scientifique et de l'esprit philosophique.

Certains milieux ont essayé de remédier à cette situation dangereuse. A Amsterdam, le regretté logicien Beth a réussi à détacher de la Faculté des Lettres les disciplines philosophiques pour les situer en un institut inter-facultés, délivrant ses licences et ses doctorats, de manière à rétablir l'unité entre la recherche scientifique et la réflexion philosophique. Certaines universités suisses ont cherché à inscrire quelques cours de philosophie au programme des Sciences comme des Lettres et à assurer un même enseignement dans les deux sections correspondantes des lycées (gymnases). En Belgique, on étudie actuellement des projets analogues aux réalisations hollandaises.

L'enseignement des langues anciennes et le problème des humanités.

Contrairement aux secteurs précédents, les disciplines littéraires et les humanités n'ont donné lieu qu'à peu de modifications en leur enseignement. La raison en est peut-être qu'il s'agit de branches dont le contenu a peu varié, encore que la linguistique ait fait des progrès considérables et que l'histoire ait sensiblement élargi ses perspectives. Mais la principale raison tient sans doute à de tout autres considérations : situations acquises, traditions d'intérêts professionnels. Indépendamment du problème de leur valeur éducative intrinsèque, sur lequel nous allons revenir, il est indéniable, en effet, que le peu de discussions sur l'enseignement des humanités, sauf chez les « planificateurs » qui songent aux orientations futures de l'instruction publique, résulte surtout du fait qu'un nombre appréciable de carrières libérales ne sont ouvertes qu'aux porteurs d'un baccalauréat comprenant les lettres classiques, et que l'Etat, se trouvant ainsi en présence de situations coercitives, ne soulève pas de questions sans issue lorsqu'il y en a tant d'autres à étudier.

Nous avons déjà signalé l'absence de tout contrôle précis sur l'utilité d'une connaissance des langues anciennes par exemple pour les médecins et il va de soi que les arguments courants concernant la terminologie médicale sont assez fragiles, car une assimilation des racines utiles ou des termes savants peut s'acquérir le plus facilement sans avoir consacré 6 à 8 années à des études classiques. A cet égard et sans chercher le moins du monde à trancher par voie déductive ou par des arguments de bon sens un problème pour la solution duquel il faudrait simplement réunir un nombre suffisant de faits dûment contrôlés, il est intéressant de signaler ce qui s'est produit dans certains pays ayant changé de régime politique : tandis qu'en plusieurs pays il n'y a plus pour les médecins d'obligations de savoir le latin, elle demeure observée en Pologne, et, comme de nombreux étudiants se présentent aux facultés de médecine sans posséder cette formation, on a institué, par exemple à Varsovie, des cours obligatoires de latin pour futurs médecins. Au Japon, la même obligation dépend entièrement des universités, tandis qu'en Inde elle est inexistante.

Mais les vrais problèmes que soulèvent les études classiques du second degré sont ceux des buts poursuivis et de l'adéquation des moyens employés. C'est sur ces deux points qu'ont eu lieu plusieurs débats intéressants, bien que demeurant sur un plan théorique.

Les buts sont de deux sortes, l'un essentiel et sans discussion possible, l'autre marginal et soulevant toutes sortes de questions. Le but principal est la formation de l'esprit historique et la connaissance des civilisations passées dont procèdent nos sociétés. Il va de soi, en effet, que, si les sciences exactes et naturelles et la réflexion philosophique sont indispensables à la connaissance de l'univers et de l'homme, il est un autre aspect de l'humanité qui nécessite une information tout aussi complexe et d'un type différent : les cultures et leur histoire. Il est donc parfaitement légitime de prévoir, en fonction des aptitudes de chacun et des spécialisations futures, la formation d'un humanisme dont le rôle est aussi indispensable à la vie sociale que celui des sciences et de la connaissance rationnelle.

Le but marginal, sur lequel on insiste d'ailleurs souvent davantage encore que sur le précédent, est la formation de l'esprit en général, dans l'hypothèse notamment que l'initiation aux langues mortes constitue un exercice intellectuel dont le bénéfice peut être transféré à d'autres activités. On soutiendra, par exemple, que la possession d'une langue dont procède celle de l'élève et le maniement de ses structures grammaticales fournissent des instruments logiques et un esprit de finesse dont profitera l'intelligence quel que soit son emploi ultérieur. On ira même, en abusant quelque peu d'une parole célèbre, jusqu'à opposer à cet esprit de finesse celui de géométrie, comme si ce dernier était spécial aux sciences et le premier aux disciplines littéraires, alors que bien entendu on trouve des deux partout.

Les problèmes que l'on soulève donc de plus en plus et notamment en Grande-Bretagne où, malgré la force des traditions, l'étude des langues mortes a été sensiblement réduite en certaines sections du second degré, sont d'établir si la formation classique répond effectivement aux deux buts qui lui sont assignés. Inutile de revenir sur le second cas : on l'a dit plus haut, les recherches entreprises par les psychologues ne conduisent point encore à des conclusions certaines. La question du transfert est, en effet, l'une des plus délicates à trancher statistiquement et expérimentalement et l'on ne peut qu'attendre des données plus décisives avant d'oser se prononcer sur des hypothèses ou des opinions reçues qui soulèvent autant de passion.

Quant à la culture humaniste et à la formation de l'esprit historique, les études classiques atteignent dans les grandes lignes ce but, mais à quelques réserves près que l'on formule de plus en plus fréquemment. Dès les *Entretiens sur les Humanités* que l'Institut international de coopération intellectuelle avait organisés à Budapest sous la présidence de Paul Valéry, celui-ci avait approuvé l'auteur de ces lignes qui réclamait une jonction plus effective entre l'étude des civilisations antiques et l'histoire des idées : pourquoi n'insiste-t-on pas davantage sur le fait que les Grecs, tout en dégageant un idéal insurpassable de beauté en de multiples domaines, ont constitué solidairement un idéal de rationalité, source des sciences et de la philosophie occidentales, pendant que les Romains, tout en produisant de grands poètes, ne réussissaient à couronner leurs activités politiques et commerciales que par une idéologie juridique et militaire ? Le miracle grec n'est, en effet, intelligible qu'à la condition d'en apercevoir tous les aspects, y compris scientifiques, jusqu'à la décadence à la fois artistique et intellectuelle de la période alexandrine.

Pour ce qui est de l'enseignement des langues elles-mêmes, il existe un conflit latent entre l'esprit du grammairien et celui du linguiste et l'on a pu s'inquiéter du caractère désuet de certaines formes traditionnelles de l'« analyse grammaticale » présentée comme « logique » alors que la linguistique moderne constitue une source incomparable de culture et demeure souvent presque entièrement absente des programmes du second degré. On répond alors que l'étude des langues mortes vise moins la langue elle-même (en oubliant que c'est d'elle qu'on attend les « transferts » dont l'authenticité n'est toujours pas établie, tandis qu'ils seraient peut-être plus effectifs avec un enseignement mieux informé au point de vue linguistique) que la pensée des auteurs. Mais, à constater le niveau parfois inquiétant de connaissance des langues mortes au baccalauréat, on souhaite souvent pouvoir consacrer plus de temps aux lectures et moins à la langue elle-même. Aussi bien, la Conférence internationale de l'Instruction publique a-t-elle adjoint, en sa session de 1938, à la recommandation n° 14, pourtant assez conservatrice, l'article 6 ainsi conçu : « Pour permettre un contact suffisant avec les littératures [latine et grecque], il sera fait place, en complément de l'étude directe des textes, à la lecture de traductions juxtalinéaires ou uniquement en langues modernes. »

Quant à l'histoire, on sait assez combien elle a été enrichie en ces dernières décades par les considérations économiques, ce qui soulève de nouveaux problèmes. Justifier l'existence d'années entières d'études des civilisations antiques par leur importance pour les civilisations modernes n'est aujourd'hui acceptable que dans une perspective plus largement sociologique qu'on ne l'envisageait jadis.

4

L'évolution des méthodes d'enseignement

Nous avons indiqué jusqu'ici quelques transformations survenues depuis 1935 en différents domaines mais en demeurant dans la perspective traditionnelle et sereine de celui qui ne pense qu'à la nature des branches à enseigner, à la compréhension intellectuelle des élèves et aux valeurs permanentes de la société. Dans ce qui suit nous allons au contraire nous trouver en présence des trois principaux événements qui caractérisent les situations nouvelles de l'éducation ou de l'instruction et qui déterminent toutes sortes d'options de façon à la fois coercitive et accélérée. Il en résulte que les exposés qu'on va lire abandonneront peu à peu le ton de la recherche pour celui de la narration ou de la discussion plus immédiates et concrètes.

Ces trois événements sont l'augmentation vertigineuse du nombre des élèves, due à un accès beaucoup plus général aux diverses formes d'enseignement, la difficulté presque corrélative de recrutement d'un personnel enseignant suffisamment formé et l'ensemble des besoins nouveaux, surtout économiques, techiques et scientifiques, des sociétés en vue desquelles l'instruction publique est organisée.

Ces trois facteurs interviennent déjà de façon notable dans le choix des méthodes générales d'enseignement et conduisent à des conflits compréhensibles entre les méthodes verbales traditionnelles, dont l'emploi est le plus aisé lorsque le personnel enseignant n'a pas pu recevoir une formation suffisamment poussée, les méthodes actives rendues d'autant plus nécessaires que l'on vise davantage à former des cadres techniques et scientifiques, les méthodes intuitives ou audio-visuelles dont on croit pouvoir tirer les mêmes résultats que des procédés actifs tout en allant plus vite en besogne et l'enseignement programmé dont le succès croissant risque de faire oublier les questions qu'il soulève.

Les méthodes réceptives ou de transmission par le maître.

Il peut paraître dépourvu de sens de rappeler les méthodes traditionnelles d'enseignement oral dans un rapport destiné à insister sur les nouveautés survenues depuis 1935. Mais le fait nouveau est que certains pays « progressistes comme les républiques populaires de l'Est prétendent justifier un enseignement fondé essentiellement sur la transmission par le maître ou sur la « leçon » tout en perfectionnant le détail des méthodes par des recherches psychopédagogiques systématiques et poussées. Or, ces recherches mettent naturellement sans cesse en évidence le rôle des intérêts et de l'action dans la compréhension des élèves, de telle sorte qu'il se produit une sorte de conflit entre ce qu'elles suggèrent dans les cas particuliers et les lignes générales d'une éducation réceptive. Il est donc d'un certain intérêt de suivre de près à cet égard le développement des méthodes dans les pays de l'Est.

En fait, le conflit latent que nous croyons ainsi discerner tient à une dualité d'inspirations idéologiques parfaitement cohérentes en ce qui concerne l'esprit adulte, mais dont la synthèse fait problème sur le terrain de l'éducation.

La première de ces inspirations tend à présenter la vie mentale comme le produit de la combinaison entre deux facteurs essentiels : les facteurs biologiques et la vie sociale. Le facteur organique fournit les conditions de l'apprentissage : les lois du « conditionnement » primaire (au sens de Pavlov) et celles du deuxième système de signalisation ou système du langage. La vie sociale fournit, d'autre part, l'ensemble des règles pratiques et des connaissances élaborées collectivement et se transmettant d'une génération à la suivante. Les facteurs biologiques et sociaux suffisent ainsi à rendre compte de la vie mentale et tout appel à la conscience individuelle risque en une telle perspective de conduire à un individualisme ou un idéalisme rétrogrades.

Mais une seconde inspiration de même source idéologique vient en fait combler la lacune que l'on aurait pu soupçonner : c'est le rôle de l'action dans le passage entre le biologique et le social. Ce rôle de l'action (ou de la *praxis*) a été abondamment souligné par K. Marx, qui allait avec raison jusqu'à considérer la perception elle-même comme une « activité » des organes des sens. Ce rôle a été, d'autre part, constamment confirmé par les psychologues soviétiques, qui ont fourni à ce sujet d'abondants et beaux travaux.

Du point de vue des méthodes générales d'éducation, il subsiste effectivement ainsi une sorte de dualité de principes ou de conflit dialectique, selon que l'on insiste sur le rôle créateur de la vie sociale adulte, ce qui conduit à mettre l'accent sur les transmissions du maître à l'élève, ou sur le rôle non moins constructif de l'action, ce qui conduit à faire une part essentielle aux activités mêmes de l'écolier. Dans la plupart des cas, la synthèse est recherchée, dans les républiques populaires, en un système tel que le maître dirige l'élève mais en le faisant agir plus qu'en se bornant à lui donner des « leçons ». Mais il va de soi que, en ces milieux comme partout, la leçon demeure conforme aux tendances naturelles du maître, puisque c'est là de beaucoup la solution la plus facile (et que tout le monde ne dispose pas des locaux ni de la sagesse de cet inspecteur canadien qui répartissait chaque classe en deux salles, pour que, disait-il, les enfants aient le temps de « travailler » et que le maître ne puisse pas parler à tous ensemble toute la journée !). Mais, d'autre part, il va aussi de soi que la part faite à l'action pousse certains éducateurs soviétiques à la développer dans la direction des activités de recherches de l'enfant lui-même, comme c'est le cas par exemple de Suhomlinsky et de l'Ecole de Lipetsk. Ces activités libres sont en outre, naturellement multipliées dans les institutions parascolaires, comme les centres de « Pionniers » et les clubs qui s'y rattachent. Nous avons également visité certains internats, par exemple en Roumanie, où la formation professionnelle donne lieu à des recherches actives des élèves et à d'heureuses combinaisons entre le travail individuel et le travail par équipes.

Les méthodes actives.

On ne peut nullement dire que, depuis 1935, une vague de fond ait renouvelé les procédés pédagogiques dans le sens des méthodes actives. La raison principale n'en est sans doute pas de principe, contrairement à ce que l'on vient de voir en ce qui concerne certains milieux de l'Est, car, sur le terrain théorique on fait de moins en moins d'objections à un recours systématique à l'activité des élèves. Un certain nombre de malentendus ont en outre été dissipés, au moins théoriquement, dont les deux principaux sont les suivants.

En premier lieu, on a fini par comprendre qu'une école active n'est pas nécessairement une école de travaux manuels et que si, à certains niveaux, l'activité de l'enfant suppose une manipulation d'objets et même un certain nombre de tâtonnements matériels, dans la mesure par exemple où les notions logico-mathématiques élémentaires sont tirées, non pas de ces objets, mais des actions du sujet et de leurs coordinations, à d'autres niveaux l'activité la plus authentique de recherche peut se déployer au plan de la réflexion, de l'abstraction la plus poussée et de manipulations verbales (pourvu qu'elles soient spontanées et non pas imposées au risque de demeurer partiellement incomprises).

On a fini par comprendre également, au moins au plan théorique, que l'intérêt n'exclut en rien l'effort, au contraire, et qu'une éducation préparant à la vie ne consiste pas à remplacer les efforts spontanés par les corvées, car si la vie comporte une part non négligeable de travaux imposés à côté d'initiatives plus libres, les disciplines nécessaires demeurent plus efficaces lorsqu'elles sont librement acceptées que sans cet accord intérieur. Les méthodes actives ne conduisent donc nullement à un individualisme anarchique, mais, et notamment s'il y a combinaison du travail individuel et du travail par équipes, à une éducation de l'autodiscipline et de l'effort volontaire.

Mais, si l'on accepte aujourd'hui ces vues bien plus qu'auparavant, leur mise en pratique n'a pas fait de grands progrès parce que les méthodes actives sont d'un emploi beaucoup plus difficile que les méthodes réceptives courantes. D'une part, elles demandent au maître un travail bien plus différencié et bien plus attentif, tandis que donner des leçons est moins fatigant et correspond à une tendance beaucoup plus naturelle à l'adulte en général et à l'adulte pédagogue en particulier. D'autre part et surtout, une pédagogie active suppose une formation beaucoup plus poussée et, sans une connaissance suffisante de la psychologie de l'enfant (et, pour les branches mathématiques et physiques, sans une connaissance assez forte des tendances contemporaines de ces disciplines), le maître comprend mal les démarches spontanées des élèves et ne parvient donc pas à mettre à profit ce qu'il considère comme insignifiant et comme une simple perte de temps. Le drame de la pédagogie, comme d'ailleurs de la médecine et de bien d'autres branches tenant à la fois de l'art et de la science, est, en effet, que les meilleures méthodes sont les plus difficiles : on ne saurait utiliser une méthode socratique sans avoir acquis au préalable certaines des qualités de Socrate à commencer par un certain respect de l'intelligence en formation.

S'il n'y a donc pas eu vague de fond, et si cette carence est d'autant plus explicable que l'accroissement du nombre des élèves, la pénurie des maîtres et un nombre considérable d'obstacles matériels se sont opposés aux intentions les meilleures, on doit cependant noter certaines initiatives individuelles importantes, comme celle de Freinet, et un constant retour aux préoccupations majeures motivant les méthodes actives sitôt que les besoins sociaux en imposent la réapparition. Nous avons par exemple signalé le mouvement, assez large aux U.S.A., qui conduit à une refonte des enseignements mathématiques et physiques élémentaires et qui aboutit naturellement à un renouvellement des procédés « actifs ». En sa session de 1959, la *Conférence internationale de l'Instruction publique* a voté une longue recommandation (n° 49) aux ministères sur « Les mesures destinées à faciliter le recrutement et la formation des cadres techniques et scientifiques » : on y lit (article 34) : « Afin d'accroître dès l'école primaire, l'intérêt des élèves pour les études techniques et scientifiques, il convient d'utiliser des méthodes actives propres à développer chez eux l'esprit expérimental. »

Quant aux initiatives individuelles de maîtres d'école particulièrement inventifs ou dévoués à l'enfance et retrouvant par l'intelligence du cœur les procédés les plus adaptés à l'intelligence tout court (comme jadis Pestalozzi), on en pourrait citer un grand nombre dans les pays les plus divers de langue française, allemande (un effort considérable a été fourni en Allemagne et en Autriche depuis la chute du nazisme), italienne, anglaise, etc. Bornons-nous, comme exemple de ce qui peut être fait avec des moyens modestes et sans incitation particulière des ministères responsables, à rappeler l'œuvre remarquable de Freinet, qui a essaimé en plusieurs régions francophones, entre autres au Canada français. Sans se soucier beaucoup de psychologie de l'enfant et mû avant tout par des préoccupations sociales (mais en gardant ses distances par rapport aux doctrines mettant l'accent sur la transmission par le maître, dont il a été question plus haut), Freinet a voulu avant tout faire de l'école un foyer d'activités demeurant en communion avec celles de la collectivité ambiante. Son idée célèbre de l'imprimerie à l'école ne constitue à cet égard qu'une illustration particulière parmi d'autres, mais spécialement instructive, car il est évident qu'un enfant qui imprime lui-même de petits textes parviendra à lire, à écrire et à mettre l'orthographe d'une manière bien différente que s'il ne possédait aucune idée sur la fabrication des documents imprimés dont il a à se servir. Sans viser explicitement le but d'une éducation de l'intelligence et d'une acquisition des connaissances générales par l'action, Freinet a donc atteint ces objectifs constants de l'école active en pensant surtout au développement des intérêts et à la formation sociale de l'enfant. Et sans se targuer de théories, il a ainsi rejoint les deux vérités sans doute les plus centrales de la psychologie des fonctions cognitives : que le développement des opérations intellectuelles procède de l'action effective au sens le plus complet (c'est-à-dire intérêts compris, ce qui ne signifie en rien que ceux-ci soient exclusivement utilitaires), car la logique est avant tout l'expression de la coordination générale des actions ; et que cette coordination générale des actions comporte nécessairement une dimension sociale, car la coordination interindividuelle des actes et leur coordination intra-individuelle constituent un seul et même processus, les opérations de l'individu étant toutes socialisées et la coopération consistant au sens strict à une mise en commun des opérations de chacun.

Les méthodes intuitives.

L'une des causes du retard des méthodes actives, et une cause qui tient elle-même à l'insuffisante formation psychologique de la plupart des éducateurs, est la confusion qui s'établit parfois entre ces procédés actifs et les méthodes intuitives. Un certain nombre de pédagogues s'imaginent, en effet, et souvent de très bonne foi, que ces dernières équivalent aux précédents ou, tout au moins, fournissent l'essentiel du bénéfice que l'on peut tirer des méthodes actives.

Il y a là d'ailleurs deux confusions distinctes. La première, dont il a déjà été question est celle qui conduit à penser que toute « activité » du sujet ou de l'enfant se réduit à des actions concrètes, ce qui est vrai aux stades élémentaires mais ne l'est plus du tout aux niveaux supérieurs, où un élève peut être entièrement « actif » au sens d'une redécouverte personnelle des vérités à conquérir, tout en faisant porter cette activité sur une réflexion intérieure et abstraite.

La seconde confusion consiste à croire qu'une activité portant sur des objets concrets se réduit à un processus figuratif, c'est-à-dire fournissant une sorte de copie conforme, en perceptions ou en images mentales, des objets en question. On oublie ainsi d'abord que la connaissance ne revient nullement à se donner une copie figurative de la réalité, mais qu'elle consiste toujours en processus opératifs aboutissant à transformer le réel, en actions ou en pensée, pour saisir le mécanisme de ces transformations et assimiler ainsi les événements et les objets à des systèmes d'opérations (ou structures de transformations). On oublie ensuite que l'expérience portant sur les objets peut être de deux formes, dont l'une est logico-mathématique et consiste à tirer les connaissances non pas de ces objets eux-mêmes mais des actions comme telles qui modifient ces objets. On oublie enfin que l'expérience physique à son tour, où la connaissance est cette fois abstraite des objets, consiste à agir sur ceux-ci pour les transformer, pour dissocier et faire varier les facteurs, etc., et non pas à en tirer simplement une copie figurative.

Oubliant donc tout cela, les méthodes intuitives reviennent simplement à fournir aux élèves des représentations imagées parlantes, soit des objets ou des événements eux-mêmes soit du résultat des opérations possibles, mais sans conduire à une réalisation effective de celles-ci. Ces méthodes, d'ailleurs classiques, renaissent sans cesse de leurs cendres et constituent certes un progrès par rapport aux procédés purement verbaux ou formels d'enseignement. Mais elles ne suffisent nullement à développer l'activité opératoire et c'est par une simple confusion des aspects figuratifs et opératifs de la pensée qu'on croit avoir payé son tribut à l'idéal des méthodes actives en concrétisant les matières d'enseignement sous cette forme figurative.

Or, la période de 1935 à 1965 a vu réapparaître les méthodes intuitives sous un grand nombre de formes nouvelles, et, répétons-le, d'autant plus inquiétantes que leurs protagonistes pensent en général de bonne foi avoir satisfait aux exigences les plus modernes de la psychologie de l'enfant. Nous avons reçu, pour commencer par cet exemple, un ouvrage belge d'initiation aux mathématiques, préfacé par un éducateur bien connu, où tant l'auteur que le préfacier invoquaient nos travaux et nous faisaient même l'honneur de les considérer comme l'une des sources de leur inspiration, alors qu'en fait le maniement des opérations logico-mathématiques élémentaires disparaissait en cette méthode au profit des intuitions figurales, souvent même essentiellement statiques.

Inutile de revenir sur les réglettes Cuisenaire, dont on a déjà dit qu'elles peuvent donner lieu aux utilisations les plus opposées, les unes réellement opératoires si l'enfant découvre par lui-même les diverses opérations que permettent les manipulations spontanées, mais les autres essentiellement intuitives ou figuratives si l'on se borne à des démonstrations extérieures et à la lecture de configurations toutes faites.

Un éducateur suisse a imaginé de faire rendre aux méthodes intuitives leur *maximum* de dynamisme et de mobilité en enseignant les mathématiques au moyen non pas d'images statiques mais de films dont le déroulement permet d'assister à des décompositions et recompositions frappantes de figures. On y trouve, en particulier, à l'usage des débutants en géométrie, des illustrations remarquables du théorème de Pythagore, où les relations en jeu acquièrent une évidence visuelle digne de tout éloge. Et pourtant est-ce bien là une éducation du raisonnement géométrique et de la construction opératoire en général ? Bergson, qui en voulait à l'intelligence, comparait ses démarches à celles du procédé cinématographique, et, s'il avait eu raison, cette initiation par le film fournirait effectivement le dernier mot de la didactique la plus rationnelle. Malheureusement Bergson a manqué le problème des opérations et n'a pas vu en quoi la transformation opératoire constitue un acte véritable, continu et créateur : sa critique de l'intelligence est en fait une critique, et à ce point de vue très profonde, de la représentation imagée, c'est-à-dire des aspects figuratifs et non pas opératifs de la pensée. Du même coup, une pédagogie fondée sur l'image, même enrichie par le dynamisme apparent du film, demeure inadéquate à la formation du constructivisme opératoire, car l'intelligence ne se réduit pas aux images d'un film : elle est bien plutôt comparable au moteur qui assure le déroulement des images et surtout aux mécanismes cybernétiques qui assureraient un tel déroulement grâce à une logique interne et à des processus autorégulateurs et autocorrecteurs.

En bref, l'image, le film, les procédés audiovisuels, dont toute pédagogie voulant se donner l'illusion d'être moderne nous rebat aujourd'hui les oreilles, sont des auxiliaires précieux à titre d'adjuvants ou de béquilles spirituelles, et il est évident qu'ils sont en net progrès par rapport à un enseignement purement verbal. Mais il existe un verbalisme de l'image comme un verbalisme du mot, et, confrontées avec les méthodes actives, les méthodes intuitives ne font que substituer, lorsqu'elles oublient le primat irréductible de l'activité spontanée et de la recherche personnelle ou autonome du vrai, ce verbalisme plus élégant et plus raffiné au verbalisme traditionnel.

Il faut cependant noter, et ceci est à mettre au passif plus qu'à l'actif de la psychologie dans ses applications pédagogiques, que les méthodes intuitives ont pu s'inspirer de tout un courant psychologique qui a eu de grands mérites à d'autres égards : le courant de la psychologie de la Forme ou « Gestalt », qui est né en Allemagne avant de proliférer ailleurs. Ce n'est donc pas par hasard que les méthodes intuitives se sont particulièrement développées en terres germaniques, où elles conservent un grand crédit. L'apport de la psychologie de la Forme a été, en effet, après avoir renouvelé de façon extrêmement profonde et utile les problèmes de la perception, de chercher dans les structures perceptibles ou « Gestalts » le prototype de toutes les autres structures mentales, y compris les structures rationnelles ou logico-mathématiques. Il va de soi que, si cette thèse était vraie, elle constituerait la justification définitive des méthodes intuitives.

Seulement, en psychologie même, la théorie de la Forme a perdu aujourd'hui son crédit parce que, négligeant les activités du sujet au profit des structurations physiques ou neurologiques élémentaires et trop spéciales, elle s'est heurtée aux courants victorieux du fonctionnalisme anglo-saxon, français et soviétique. De plus une « Gestalt » est une structure d'ensemble non additive et irréversible, tandis que les structures opératoires d'ensemble (classifications, sériations, nombres, correspondances, etc.) sont à la fois réversibles et rigoureusement additives (2 et 2 font exactement 4 et non pas un peu plus ou un peu moins comme sur le terrain perceptif). Il en résulte que l'opération est irréductible aux « formes » perceptives ou imagées et que, par voie de conséquence très directe, les méthodes pédagogiques intuitives demeurent d'un rang bien inférieur aux méthodes opératoires ou actives.

Les méthodes programmées et les machines à apprendre.

En liaison plus ou moins étroite, suivant les cas, avec la réflexologie soviétique (école de Pavlov), la psychologie américaine a élaboré un certain nombre de théories de l'apprentissage fondées sur le schéma stimulus-réponse (ou $S \rightarrow R$). Ainsi Hull puis Tolman ont mis au point des doctrines détaillées faisant intervenir la formation d'habitudes, puis de « familles hiérarchiques d'habitudes », l'utilisation d'indices significatifs, etc. Mais l'accord ne s'est point établi entre les auteurs quant au détail de ces facteurs, tandis que chacun reconnaissait l'importance des « renforcements » externes (réussites et échecs ou sanctions diverses) et l'exigence des lois relativement constantes d'apprentissage en fonction des répétitions et du temps employé.

Le dernier en date des grands théoriciens américains de l'apprentissage, Skinner, auteur de remarquables expériences sur les pigeons (l'animal servant de sujet de choix était jusque-là le rat blanc, particulièrement docile mais malheureusement suspect de dégénérescence en ses conduites domestiquées), a adopté une attitude plus résolument positive. Persuadé du caractère inaccessible des variables intermédiaires et du niveau trop rudimentaire de nos connaissances neurologiques, il a décidé de ne plus considérer que les stimuli ou *inputs*, manipulables à volonté, et les réponses observables ou *outputs*, et de s'en tenir à leurs relations directes sans s'occuper des connexions internes. Cette conception de l'organisme-boîte-vide, comme on l'a appelée, fait donc volontairement fi de toute vie mentale, humaine ou animale, pour s'en tenir au seul comportement sous ses aspects les plus matériels, et ignore toute recherche de l'explication pour ne considérer que les lois brutes fournies par une expérimentation minutieuse.

Cela étant, Skinner, en possession des lois d'apprentissage contrôlées ou élaborées par lui, et allégé de toute préoccupation théorique qui eût encombré les essais de généralisation ou d'application pratique, a d'abord constaté que ses expériences marchaient d'autant mieux que l'on remplaçait les interventions humaines de l'expérimentateur par des dispositifs mécaniques bien réglés. En d'autres termes, les pigeons fournissent des réactions d'autant plus régulières qu'on les met en présence de « machines à apprendre » distribuant les stimuli avec plus de précision et moins de bavures. L'idée géniale qui s'est alors imposée à Skinner, professeur de son métier en même temps que théoricien de l'apprentissage, est que cette observation vaut tout autant pour les hommes et que des machines à apprendre suffisamment bien programmées fourniraient un meilleur rendement qu'un enseignement oral plus ou moins bien donné. Et comme la conception de l'organisme-boîte-vide permet l'économie de considérations préalables sur les facteurs internes de l'apprentissage humain, il suffisait de connaître les lois générales de l'apprentissage et le contenu des branches à enseigner pour construire des programmes de richesse au moins égale à celle des connaissances communément exigées.

L'expérience tentée a pleinement réussi, et il va de soi que, à s'en tenir aux procédés usuels d'enseignement par transmission verbale et processus réceptifs, elle ne pouvait que réussir. Les esprits sentimentaux ou chagrins se sont attristés que l'on puisse remplacer des maîtres par des machines. Mais ces machines nous paraissent au contraire rendre d'abord le grand service de démontrer sans réplique possible le caractère mécanique de la fonction du maître, telle que la conçoit l'enseignement traditionnel : si cet enseignement n'a pour idéal que de faire correctement répéter ce qui a été correctement exposé il va de soi que la machine peut remplir correctement ces conditions.

On a dit aussi que la machine supprime les facteurs affectifs, mais cela n'est pas exact et Skinner prétend non sans raison atteindre souvent une « motivation » (besoins et intérêts) plus forte qu'en bien des « leçons » ordinaires. La question est, en effet, d'établir si l'affectivité du maître joue toujours un rôle heureux. Claparède disait déjà qu'on devrait réserver dans la formation des maîtres un temps suffisant pour des exercices de dressage d'animaux, car, quand le dressage échoue, l'expérimentateur sait bien que c'est de sa faute à lui, tandis que dans l'éducation des enfants les échecs sont toujours attribués à l'élève. Or, les machines de Skinner témoignent à cet égard d'une bonne psychologie en n'utilisant que les renforcements positifs et en écartant toute sanction négative ou punition.

Le principe de la programmation (que Skinner a essayé dans ses propres leçons de psychologie avant de le généraliser à tout enseignement) est, en effet, le suivant. Les définitions étant données, l'élève doit d'abord en tirer les conséquences correctes et, pour cela, choisir entre deux ou trois solutions que la machine lui offre. S'il choisit la bonne (en pressant sur un bouton), le travail continue, tandis que s'il se trompe l'exercice recommence. Chaque information nouvelle fournie par la machine donne ainsi lieu à des choix qui témoignent de la compréhension obtenue, avec autant de répétitions qu'il le faut et avec progrès ininterrompu en cas de réussites constantes. N'importe quelle branche peut donc être programmée selon un tel principe, qu'il s'agisse de raisonnement pur comme de simple mémoire.

Ainsi conçues les machines à apprendre ont eu un succès considérable et donnent déjà lieu à une industrie prospère. En un temps de multiplication du nombre des élèves et de pénurie des maîtres elles peuvent rendre des services indéniables et gagnent en général beaucoup de temps par rapport à l'enseignement traditionnel. Elles sont employées non seulement dans des écoles mais dans les entreprises où, pour une raison ou une autre, un enseignement aux adultes doit être rapidement donné.

Quant à la valeur intrinsèque d'une telle méthode d'enseignement, elle dépend naturellement des buts que l'on s'assigne en chaque branche particulière. Dans les cas où il ne s'agit que d'acquérir un savoir comme dans l'enseignement des langues, il semble bien que la machine rende des services reconnus, en particulier sous forme de gain de temps. Dans les cas où l'idéal est de réinventer la suite des raisonnements comme en mathématiques, la machine n'exclut ni la compréhension ni le raisonnement lui-même, mais elle le canalise fâcheusement et exclut l'initiative. Il est intéressant de noter à cet égard que, à la conférence de Woods Hole dont nous avons déjà parlé (p. 61), où mathématiciens et physiciens cherchaient un renouveau dans l'enseignement des sciences, les propositions de Skinner n'ont reçu qu'un accueil mitigé, le problème étant alors moins de trouver les moyens d'une bonne compréhension que de favoriser la formation de chercheurs et d'inventeurs.

D'une manière générale, comme toute discipline suppose un certain bagage acquis tout en pouvant donner lieu à des activités multiples de recherche et de redécouvertes, on peut imaginer un équilibre, variable selon les branches, entre les parts d'enregistrement et d'activité libre. A cet égard, il est possible que l'emploi des machines à apprendre économise un temps qui serait plus long avec les méthodes traditionnelles et augmente par conséquent les heures disponibles en vue du travail actif. Si ces heures comprennent en particulier des travaux en équipe, avec tout ce qu'ils comportent d'incitations et de contrôles mutuels, tandis que la machine suppose un travail essentiellement individualisé, cet équilibre réaliserait du même coup la balance nécessaire entre les aspects collectifs et individuels de l'effort intellectuel nécessaires tous deux à une vie scolaire harmonieuse.

Mais l'enseignement programmé n'en est qu'à ses débuts et il est un peu tôt pour faire des prophéties sur son emploi futur. Comme toutes les méthodes d'enseignement fondées sur l'étude de quelque aspect particulier du développement mental, elle peut réussir sous l'angle considéré tout en demeurant insuffisante à titre de méthode générale. Et, sur ce point comme pour toutes les questions pédagogiques, ce n'est pas par une discussion notionnelle ou abstraite que l'on résoudra le problème, mais par une accumulation de faits et de contrôles précis.

Or, chose curieuse, ces contrôles viennent davantage, pour l'instant, de l'enseignement destiné aux adultes que de la pédagogie proprement scolaire et des raisons en sont au nombre de deux au moins. La première est, cela est triste à dire mais hautement instructif, que l'on contrôle de beaucoup plus près les résultats effectifs d'une méthode d'enseignement lorsqu'il s'agit d'adultes, qui n'ont pas de temps à perdre (surtout si le temps compte dans le financement d'entreprises privées), que dans le cas des enfants dont le temps d'étude tout aussi précieux paraît valoir moins aux yeux de bien des gens. Les expériences sur adultes sont donc à suivre de près et l'on peut citer à cet égard les cours de mathématiques pour aviateurs ou les recherches de certains médecins militaires tels que ceux du centre de Versailles qui travaillent en connexion avec l'Institut de Psychologie de la Sorbonne.

La seconde raison est que, en bien des cas, les méthodes d'enseignement programmé sont dévalorisées d'avance par le fait que, au lieu de construire des programmes adéquats fondés sur un principe de compréhension progressive, on se borne à transposer, en termes de programmation mécanique, le contenu des manuels courants et des pires des manuels ! On aurait pu espérer que la méthode de Skinner, aurait eu au moins pour résultat de nous délivrer d'une emprise exagérée des manuels scolaires dont on sait assez quels graves problèmes ils soulèvent (et, en ces dernières années l'édition des ouvrages scolaires représente, selon certaines estimations, la moitié de la production mondiale du livre, avec un tirage qui est le plus élevé de tous !). Or, il arrive souvent que, pour se faciliter le travail de programmation, on utilise simplement des manuels existants, en choisissant naturellement ceux d'entre eux qui se prêtent le mieux à des enchaînements de questions et réponses sur le mode le plus passif et le plus automatique.

5

Les transformations quantitatives et la planification de l'enseignement

A vouloir fournir un tableau optimiste de l'éducation et de l'instruction depuis 1935 nous aurions dû débuter par le présent chapitre et souligner dès le départ l'extraordinaire extension de l'enseignement en ces dernières décades. Il y a là assurément un mouvement réjouissant en ce sens que l'accroissement du nombre des élèves n'est pas seulement dû à l'augmentation de la population, mais aussi aux mesures de justice sociale qui facilitent l'accès aux écoles à des catégories d'enfants et surtout d'adolescents jusque-là défavorisés pour des raisons économiques, à la prolongation de la scolarité obligatoire en de nombreux pays et à la multiplication des écoles professionnelles. Mais ces aspects positifs du développement éducatif ne sauraient faire oublier les problèmes qui subsistent quant à l'efficacité des moyens employés et, à ne considérer les choses que sous l'angle quantitatif on risque de fausser quelque peu le sens du tableau, car il n'est pas toujours démontré que cette extension indéfinie corresponde à une réussite ou à une victoire de l'éducation.

Il nous a donc paru plus sage de commencer par souligner les problèmes qui continuent de se poser quant à l'insuffisance de nos connaissances pédagogiques, à leur manque de liaison avec le progrès des études psychologiques, aux transformations des branches et des méthodes d'enseignement, avant de passer à l'examen des questions plus concrètes dont les solutions, hâtives et trouvées au jour le jour ou au contraire mûries en des efforts de planification systématique, restent constamment tributaires des questions précédentes. Il était donc plus conforme à l'objectivité de n'examiner que maintenant les modifications d'ensemble imposées à l'enseignement par les transformations récentes de nos sociétés en nous rappelant que les données quantitatives ne comportent pas de signification univoque et témoignent de l'existence de problèmes plus que de solutions déjà trouvées. A juger des progrès de la médecine par une statistique des malades soignés, on n'avancerait encore guère l'analyse, tandis qu'une étude sur le résultat des traitements par rapport à leur extension sociale est plus instructive : or c'est ce genre de contrôle qui continue de manquer à la pédagogie scientifique et c'est pourquoi le progrès des mesures étatiques, si réjouissant soit-il, laisse encore ouverte une série indéfinie de questions.

Mais les transformations récentes de l'enseignement ne sont pas que quantitatives et, en corrélation plus ou moins lâche ou étroite avec ces accroissements de la population scolaire, enseignée ou enseignante, on a vu se dessiner des réformes de structures sur de larges échelles. Issues d'une planification générale ou la devançant par étapes plus ou moins discontinues, ces réformes scolaires ont résulté de l'action d'un grand nombre de facteurs, dont les deux principaux sont sans conteste la révolution scientifique et technique et les tendances générales à la démocratisation de la société et de l'enseignement. Seulement, ici encore, la destinée d'une réforme et ses résultats effectifs ne sont pas uniquement fonction de la finalité qui l'anime ni de l'adéquation des nouvelles structures administratives et scolaires mises au service de ces fins : c'est à nouveau, et pour une part prépondérante, des méthodes pédagogiques employées que dépendent les réussites et les meilleures des planifications ne peuvent que rester sans lendemain lorsqu'elles ne comportent pas une refonte méthodologique en même temps que téléologique. C'est pourquoi les questions préalables examinées jusqu'ici quant à la formation de l'esprit scientifique sous son double aspect logico-mathématique et expérimental ou même technique ne constituaient pas de simples questions d'introduction mais conditionnent de près le dynamisme effectif des réformes et des planifications.

Les données quantitatives.

Un premier fait essentiel est la tendance, dans tous les pays neufs, à introduire ou à généraliser le principe de la scolarité obligatoire, et, dans ceux qui l'appliquent déjà à la prolonger dans la mesure du possible. C'est ainsi que, en France, la réforme de janvier 1959 prévoit une instruction « obligatoire jusqu'à l'âge de 16 ans révolus pour les enfants des deux sexes, français et étrangers, qui atteindront l'âge de 6 ans à partir du 1er janvier 1959 ». La même année la scolarité obligatoire a été portée en U.R.S.S., Ukraine et Biélorussie de 7 à 8 années. Les plans prévoient 9 années en Allemagne fédérale, 10 années en Italie, etc.

A cette extension de la scolarité obligatoire correspond naturellement un ensemble de mesures tendant à étendre également la gratuité de l'enseignement et à multiplier les bourses d'études. La gratuité, déjà courante au niveau du premier degré (avec généralisations fréquentes au matériel scolaire et au transport des écoliers), tend à se généraliser au niveau secondaire et débute même dans les établissements supérieurs. En U.R.S.S., par exemple, l'année 1956 a vu la suppression des droits d'inscription dans les classes avancées des écoles du second degré, dans les écoles secondaires spécialisées et dans celles du niveau supérieur : les études sont donc maintenant entièrement gratuites dans tous les établissements scolaires de ce pays.

Mais, sans parler des discriminations raciales qui subsistent encore en certaines régions, l'inégalité des sexes demeure un obstacle en bien des pays à l'extension de l'enseignement. En 1952 encore, la Conférence internationale de l'Instruction publique estimait devoir voter une recommandation aux ministères sur « L'accès des femmes à l'éducation », demandant entre autres l'égalité dans la durée de la scolarité obligatoire, dans la gratuité de l'enseignement et dans le système des bourses, allocations familiales ou dégrèvement des frais d'études, etc., permettant la poursuite des études dans l'enseignement secondaire, professionnel, technique ou supérieur. Des progrès ont été faits depuis à cet égard, mais on n'est toujours pas en possession des études détaillées que demandait la Conférence en ce qui concerne l'état réel de la question et les remèdes proposés.

Malgré ces handicaps, heureusement non généraux d'ailleurs, la course à l'éducation n'a fait que s'amplifier. Au niveau du premier degré, les élèves de l'enseignement préscolaire augmentaient de 6 à 7 % par an entre 1956 et 1959 dans les pays qui transmettaient leurs rapports au Bureau International d'Education, et ceux de l'enseignement primaire s'accroissaient de 6 à 8 % en moyenne par année entre 1959 et 1963 (certains atteignant 11-12 %). Sur 64 pays ayant fourni des données quantitatives sur l'enseignement secondaire, 59 sont en augmentation et 5 seulement en diminution : de 1959 à 1963 on constate un accroissement moyen de 10,5 à 13,7 % par an (le quatrième quartile débutant à 18,6 %). L'enseignement professionnel donne lieu à des constatations analogues et les étudiants de l'enseignement supérieur augmentent dans des proportions qui varient selon les pays entre moins de 7 % (premier quartile) et plus de 17,6 % (quatrième quartile).

Il est inutile d'insister sur le fait que de tels accroissements comportent une modification continuelle des budgets de l'Instruction publique. Ces budgets sont constamment insuffisants, notamment pour ce qui est de l'enseignement supérieur (d'où les Centres nationaux de recherche scientifique dont les apports complètent les prestations des facultés), mais ils sont en constante augmentation : en 1963 le taux de celle-ci était inférieur à 9 % pour le premier quartile (sur 87 pays) et de plus de 18,25 % pour le quatrième quartile.

Un autre indice matériel de ce mouvement général est le nombre des nouvelles constructions scolaires. Toute comparaison est ici difficile, mais à titre d'exemples (toujours d'après les rapports reçus au Bureau International d'Education), la France annonçait en septembre 1961 avoir ouvert 13 915 classes pour les deux premiers degrés, la Pologne a construit 4 221 salles de classes primaires en 1962 et le Canada plus de 8 000 salles en 8 de ses provinces.

Par contre, ni le recrutement ni la formation du personnel enseignant ne donnent lieu à des constatations quantitatives comparables aux précédentes. Nous reviendrons sur ce problème central, dont dépend en définitive tout l'avenir de l'enseignement (chap. 8).

La planification de l'éducation.

Cette extension massive de l'enseignement est à la fois le reflet des transformations profondes de l'après-guerre de 1945 qui ont conduit aux réformes de structures et de programmes éducatifs et la cause permanente ou même l'aiguillon qui a obligé de nombreux Etats à penser ces réformes dans une perspective d'avenir, c'est-à-dire à se livrer à des planifications.

La nécessité de tout reconstruire dans les pays dévastés, les changements de régime politique en de nombreux pays, l'émancipation nationale en de nombreux autres, la division du monde en blocs politiques et les tendances corrélatives au regroupement et à l'unification, les transformations tour à tour bienfaisantes et catastrophiques de la technique et les profonds changements économiques et sociologiques qui les ont accompagnées, les conflits enfin qui en sont résultés entre les traditions culturelles et la nécessité des réadaptations, toutes ces causes réunies et interdépendantes à des degrés divers se sont naturellement traduites par des réformes de l'éducation. On s'étonne parfois que des Etats ayant tant de problèmes à résoudre songent toujours immédiatement à des réformes scolaires. Mais la vie sociale des humains reposant essentiellement sur la formation des nouvelles générations par les précédentes, c'est-à-dire une transmission extérieure ou éducative et non pas interne ou héréditaire, la première préoccupation d'un régime cherchant à s'instaurer et à se conserver est de se préoccuper de cette formation par l'école, c'est-à-dire par le moyen le plus direct qui soit à sa disposition et qui au surplus influence l'éducation par la famille.

C'est ainsi que, à comparer le nombre des réformes totales ou partielles annoncées par les ministères de l'Instruction publique dans leurs rapports annuels en vue de l'Annuaire international de l'Education, on constate que les réformes qui étaient faites par 43 à 72 % des pays (sur 35 à 61 unités nationales) entre 1933 et 1938 sont tombées à 28-45 % pendant la guerre et ont atteint de 84 à 98 % des pays (sur 41 à 75) entre 1946 et 1960.

Mais les réformes sont une chose, dont nous reparlerons (chap. 6) et la planification en est une autre. Dès le moment où l'accroissement des effectifs scolaires n'est plus simplement proportionnel à l'augmentation de la population et qu'un ensemble de mesures sont prises pour des raisons de justice sociale ou sous la pression des facteurs économiques afin de prolonger la scolarité obligatoire et de favoriser de toutes manières l'accès aux formes d'enseignement non obligées, il faut bien penser à l'avenir et ne plus considérer les structures les meilleures au moment présent, comme devant nécessairement demeurer telles à échéance plus ou moins brève ou lointaine.

Sans doute a-t-on toujours cherché à prévoir la suite des événements et il n'est pas de gouvernement élaborant, par exemple, le budget des constructions scolaires qui n'ait fait ses calculs en pensant à quelques années d'avance. Mais la grande nouveauté dans les civilisations d'après-guerre (sauf en U.R.S.S. où le régime comportait déjà des planifications d'ensemble) est qu'on s'est trouvé en présence de situations tellement mobiles et, en tant de domaines, d'accélérations si imprévues et en partie imprévisibles que les autorités scolaires ont fini par admettre, plus ou moins timidement ou résolument selon les cas, la nécessité d'un ajustement fonctionnel, recherché comme tel, et non plus simplement automatique ou aléatoire des structures de l'enseignement aux besoins de la société.

Jusqu'à cette époque, on supposait certes établi un inventaire des professions possibles et, d'entente avec les corps professionnels et les corps de métiers, on élaborait les programmes nécessaires à toutes les formations. Mais, cela fait, on s'imaginait en vertu d'une conception optimiste de la finalité sociale ou d'une généralisation des lois de l'offre et de la demande propres à l'économie libérale, que la répartition des individus dans les diverses écoles répondrait dans les grandes lignes aux buts escomptés, autrement dit qu'une sorte d'adaptation statistique ou de sélection automatique suffirait à faire correspondre les cadres scolaires et leurs contenus à toutes les exigences sociales.

Lorsqu'un ministre français, Jean Berthoin, s'est écrié : « On forme deux littéraires pour trois scientifiques, alors qu'il nous faudrait sept scientifiques pour un littéraire », il a dénoncé en fait l'inanité d'une telle vision des choses et il s'est référé virtuellement et en principe à d'autres informations qu'à celles dont disposent à elles seules les autorités scolaires. Comment, en effet, savoir qu'il nous faudrait telle ou telle proportion de « scientifiques » ? Si le ministre de l'Education l'affirme, c'est qu'il a consulté économistes, sociologues, techniciens ou savants et que, par-delà les questions de programmes internes, il se place au point de vue des plans implicites ou des mouvements d'avenir de la société entière.

C'est de telles considérations qu'est né le courant de « planification » qui s'est développé avec plus ou moins de force dans un grand nombre de pays au cours des dernières années. Il ne s'agit naturellement pas d'imposer aux élèves leurs futures professions en fonction des besoins nationaux, encore que, en certains pays, le nombre des bourses et des places disponibles dans les établissements où l'on se prépare à telle ou telle spécialité (un institut de psychologie, par exemple) est assez strictement déterminé et aboutit en fait à une sélection planifiée. Le problème est par contre de prévoir un développement suffisant des écoles de tous genres et de tous les niveaux en tenant compte, quant à leur nombre et à leur qualité par catégories respectives et par sous-catégories ou sections, des besoins actuels et futurs de la société. Cette planification une fois effectuée, et pouvant rester globale ou entrer dans le détail des étapes à parcourir et des délais de réalisation (plans de 5 à 10 ans, etc.), il s'agira alors, pour ajuster les effectifs d'élèves aux cadres préparés, de prévoir des systèmes assez souples d'orientation (cycles d'orientation, etc.) et une mobilité scolaire suffisante pour que les choix individuels et la sélection ne dépendent plus simplement des traditions de famille, de la fortune des parents, des routines et préjugés de tous genres mais des aptitudes de chacun et des perspectives objectives d'avenir.

Le chapitre 6 sera consacré à ces réformes de

structures et à cet ajustement des programmes. Commençons par rappeler les grandes lignes des essais de planifications, dont s'est occupée entre autres la Conférence internationale de l'Instruction publique en sa session de 1962.

A vrai dire, si l'on parle partout de planification de l'éducation, le seul fait que cette notion soit à la mode aboutit aux inflations sémantiques habituelles, c'est-à-dire que le mot est pris en toutes sortes de sens et que, pour ne pas paraître attardé on finit par utiliser ce vocable pour de simples programmes à long terme quand il ne s'agit pas de purs projets de réformes ou de plans d'extension des écoles sans aucune modification de structures. Il est donc prudent de ne parler de planification que dans les pays ayant créé un service spécial de planification éducative au ministère de l'Instruction publique (une vingtaine de pays) et dans ceux dont la planification éducative est subordonnée à des instances supérieures préposées à la coordination et à la planification générales des activités de l'Etat (18 pays). Il s'y ajoute naturellement les cas où sans être en possession d'organes spécialisés permanents les ministères confient à des commissions le soin de mener à bien des études ou de faire des propositions : c'est la méthode qu'a utilisée la France, avec sa « Commission de l'équipement scolaire, universitaire et sportif » (Commission Le Gorgeu) chargée d'étudier les perspectives éducatives jusqu'en 1970, et la province de Québec au Canada avec sa « Commission Parent ».

Sur le plan international, l'Unesco elle-même a

créé fin 1964 sur l'initiative de M. Maheu un Office de la planification de l'Education dont le directeur relève directement du sous-directeur général chargé de l'Education et non pas des deux départements de l'Enseignement scolaire et supérieur et de l'éducation des adultes.

Les Républiques populaires conçoivent naturellement la planification éducative comme subordonnée aux « plans » généraux qui déterminent l'ensemble des activités de la nation. Il en résulte une prédominance des plans à longs termes, parfois quinquennaux, mais s'étendant sur dix ans en Bulgarie et sur vingt ans en Biélorussie, Pologne, U.R.S.S., etc.

Mais il est intéressant de noter que des pays dont les régimes politiques sont bien différents élaborent souvent des plans éducatifs de longueurs comparables (quoique plus généralement quinquennaux) et insistent de plus en plus sur la nécessité de les coordonner avec les perspectives sociales, économiques et techniques. A cet égard la collaboration des éducateurs avec des économistes, des sociologues, des techniciens ou des représentants des sciences exactes et naturelles est reprise non seulement dans l'élaboration des plans, mais dans leur application ou plus précisément dans le contrôle de leurs résultats. L'insuffisance de statistiques précises et surtout scientifiquement élaborées a été souvent signalée comme un obstacle sérieux à ces diverses étapes et la recommandation votée par la Conférence de l'Instruction publique en 1962 contient un article (31) significatif à ce point de vue : « Il importe de tout mettre en œuvre pour faire progresser les techniques d'évaluation qualitative et quantitative qui permettent une vérification systématique des résultats obtenus, cette vérification devant faciliter l'élaboration des plans ultérieurs. »

On peut espérer que de ces multiples études sortiront non seulement les améliorations souhaitées quant à l'adéquation des diverses formes d'enseignement aux besoins de la vie sociale, mais encore des progrès dans la direction d'une pédagogie scientifique condition *sine qua non* de toute solution des problèmes en suspens, qu'ils concernent la sociologie de l'éducation comme la psychopédagogie.

Quant à cette adéquation aux besoins sociaux, le caractère commun des multiples « plans » dont a pu prendre connaissance le Bureau international d'Education dans sa préparation aux travaux de la Conférence de 1962 a été de manifester « une tendance très nette et très générale à développer et à perfectionner l'*enseignement technique, professionnel et scientifique,* soit au niveau de l'enseignement secondaire, soit à celui de l'enseignement supérieur... : augmentation du nombre des écoles techniques et professionnelles, études en vue de la révision de leurs programmes, attention donnée dans les universités aux facultés qui forment des ingénieurs et des spécialistes dans le domaine des sciences appliquées » (*La Planification de l'Education,* B.I.E. – Unesco, pp. XIII-XIV). Or, quand on sait combien la science appliquée est tributaire de la recherche dite pure ou « fondamentale » et combien la formation des chercheurs exige des refontes de notre éducation traditionnelle, c'est bien tout le problème de l'enseignement scientifique qui est ainsi soulevé en première ligne par les efforts actuels de planification.

La formation des cadres techniques et scientifiques.

Tandis que les efforts de planification semblaient à leurs débuts ne devoir porter que sur les questions de buts et de structures, l'accent mis ainsi par la collaboration interdisciplinaire des planificateurs sur l'importance des cadres techniques et scientifiques soulève, qu'on le veuille ou non, les questions de programmes et de méthodologie elle-même, en dehors desquelles les « plans » demeurent formels : déterminer le nombre d'années d'études nécessaire à telle formation n'a évidemment de sens que si l'on est renseigné sur le détail de celle-ci quant à l'assimilation effective des connaissances en jeu et surtout quant au développement des aptitudes de recherche, d'adaptation pratique ou expérimentale et même d'invention.

Aussi bien, l'une des plus longues des recommandations de la Conférence internationale de l'Instruction publique (et ce n'est pas là un hasard), qui concerne « Les mesures destinées à faciliter le recrutement et la formation des cadres techniques et scientifiques » (1959), passe insensiblement des questions de planification à celles de méthodologie. Pour ce qui est des premières, cette recommandation demande notamment que les organes chargés spécialement de l'étude de la question, en collaboration avec des chercheurs, des ingénieurs, des techniciens et ouvriers qualifiés, aient un caractère permanent (article 2) de manière à tenir compte des modifications continuelles de la situation. En outre : « Il importe que les structures scolaires conçues pour répondre aux exigences nouvelles de la formation technique et scientifique soient assez souples pour pouvoir s'adapter à l'évolution rapide de la science et de la technique » (article 8). Quant aux questions de structure, la recommandation préconise notamment la création « d'études de spécialisation plus poussée aux niveaux postsecondaire et postuniversitaire, ainsi que l'introduction d'un doctorat technique » (article 28).

Pour ce qui est des questions de méthodes, la recommandation souligne, comme cela a été rappelé plus haut, l'importance des procédés actifs propres à développer l'esprit expérimental (article 34) et demande, ce qui est assez nouveau, « la collaboration constante entre maîtres et hommes de science » (article 36) dans la mise au point des dispositifs pédagogiques. Si cette collaboration est courante dans le domaine mathématique, le souhait qu'elle se manifeste également sur les terrains de la formation technique et de l'éducation de l'esprit expérimental peut conduire à des conséquences assez révolutionnaires. On a vu, en effet, combien l'école traditionnelle, toute centrée sur le verbe et la transmission orale, avait négligé cet aspect de la formation intellectuelle et combien certains physiciens avaient pris à cœur le problème, jusqu'à se pencher sur les débuts de la formation expérimentale à l'école primaire. Si les essais de planification parviennent à imposer une telle manière de voir, et elle sera prise d'autant plus au sérieux que les pédagogues seront appuyés par l'autorité des chercheurs et des techniciens, ils auront abouti à la révolution la plus décisive qu'attend l'école contemporaine.

On insiste souvent, et la recommandation en question se garde de l'oublier (article 40), sur la nécessité de conserver dans l'enseignement technique et scientifique des disciplines de culture générale. Mais la réciproque est tout aussi vraie et il faudrait réserver dans les sections littéraires une part suffisante à la formation de l'esprit expérimental, ne serait-ce que sur le terrain psychologique (ou psychophysiologique) mais avec suffisamment de contrôle actif pour faire comprendre l'extrême complexité des questions en apparence les plus simples. L'initiation aux méthodes de vérification et le développement d'un esprit à la fois constructif et critique font, en effet, partie du nouvel humanisme qui caractérise la culture en devenir et c'est à quoi songent les éducateurs qui, par-delà les cloisonnements inévitables, veulent préserver une certaine unité de formation.

L'enseignement professionnel.

Une autre manifestation extrêmement générale des mêmes tendances est celle qui, en de nombreux pays, s'est traduite par une refonte de l'enseignement professionnel. Deux exigences complémentaires se sont imposées à cet égard : d'une part, une extension de cette forme d'enseignement, de manière à y englober une préparation scolaire, théorique et surtout pratique concernant le plus grand nombre de métiers possibles et non pas ceux seulement dont leur spécialisation technique exigeait depuis longtemps une telle formation scolarisée ; d'autre part, un enrichissement interne des programmes conçus de manière à fournir aux futurs hommes de métier une culture générale élargie, tendant même à rejoindre un large fonds commun à toutes les formes d'enseignement du second degré.

Comme exemple de ces deux tendances on peut citer l'extension de l'enseignement professionnel en Pologne. Cet enseignement comporte trois formes principales : les écoles professionnelles du premier degré, préparant les ouvriers qualifiés et travailleurs équivalents (503 062 élèves en 1962-3, augmentation de 18,8 % en 1963-4), et écoles de ce premier degré adjointes aux entreprises (89 901 élèves en 1962-3, augmentation de 50,4 % en 1963-4 !) ; écoles techniques et professionnelles du second degré qui préparent, au niveau moyen (certificat de maturité), des travailleurs pour les différents domaines de l'économie nationale

(543 580 élèves en 1962-3, augmentation de 15,3 % en 1963-4) et écoles pour les travailleurs déjà engagés (cours du soir et par correspondance : 202 441 élèves en 1962-3, augmentation de 11,5 % en 1963-4) ; enfin les écoles de préparation agricole (87 531 élèves en 1962-3, augmentation de 10,8 % en 1963-4).

Or ces écoles professionnelles du premier degré correspondent à 199 professions réparties en 18 groupes et celles du second degré à 203 spécialisations réparties en 21 groupes. « Le nombre des professions et des spécialisations se rapportant à la mécanisation du travail et à l'automation de la production est en notable augmentation ; les industries d'importance fondamentale y dominent, comme les mines, la métallurgie, l'industrie chimique, l'industrie des machines et l'industrie électrotechnique » (*Rapport du ministère* au B.I.E. pour 1963-4, p. 32).

Mais, ajoute ce rapport, « en plus de la fonction consistant à préparer les élèves pour un travail qualifié, l'école professionnelle s'est toujours assigné pour but et a toujours réalisé le complet développement de l'homme. Au fur et à mesure du progrès des rapports socio-économiques, la réalisation de cet axiome gagne de plus en plus en importance » (p. 31). Ajoutons que, réciproquement, dans les pays de l'Est, on tend de plus en plus à demander à chaque élève de lycée, des sections littéraires comme scientifiques, de faire un stage dans une industrie quelconque, de manière à s'initier aux problèmes de la technique et de la production.

Dans les pays de l'Ouest, la multiplication des

écoles professionnelles est également à noter. Le problème de la culture générale commune est en général résolu par le système des cycles d'orientation, tous les élèves passant par une école moyenne d'où ils sont dirigés soit dans les lycées soit dans les écoles professionnelles : c'est le problème général des réformes de structure dont nous avons maintenant à traiter.

6

Les réformes de structure, les programmes et les problèmes d'orientation

L'extension générale de l'enseignement, dont le chapitre précédent a montré le caractère explosif, s'effectue à la fois dans le sens longitudinal d'une prolongation de la scolarité obligatoire et d'un accès facilité aux niveaux secondaires et supérieurs et dans le sens transversal d'une différenciation plus poussée des formes d'enseignements et d'une multiplication des écoles techniques et professionnelles.

Une telle situation, de fait ou prévue par les « plans », soulève alors trois problèmes auxquels on n'a pas manqué de chercher des solutions : celui de l'unité de la culture ou d'un fonds commun de formation ; celui de la mobilité scolaire (corrélative de la mobilité sociale en général) ou du passage possible d'une section dans une autre, donc des changements éventuels d'orientation au cours des études au fur et à mesure que se révèlent les aptitudes ou que se précisent les situations ; et celui des procédés utilisés pour faciliter cette orientation et la fonder sur des données objectives et non pas seulement sur des estimations parfois illusoires (qu'il s'agisse des élèves, des parents et, à l'occasion, des examens).

Sous ces problèmes majeurs dont on s'est occupé en presque tous les pays subsiste une question qui n'a rien de mineur sinon en ce sens qu'on l'a moins étudiée : le développement ininterrompu des connaissances et des techniques et le désir de tenir compte de tous les courants sans négliger un tronc commun de culture générale aboutissent dans la plupart des cas à une surcharge insupportable des programmes, qui finalement peut nuire à la santé physique et intellectuelle des élèves et retarder leur formation dans la mesure même où on désire l'accélérer ou la perfectionner. Ce problème du surmenage scolaire qui inquiète parfois davantage les milieux médicaux (le Centre international de l'Enfance, par exemple) et psychologiques que les autorités pédagogiques est cependant lié à la question centrale d'établir si l'école n'enseigne jamais rien d'inutile, surtout si l'on met l'accent sur les facultés d'initiative et d'invention plus que sur l'accumulation d'un savoir à disposition dans tous les manuels. Et le problème ramène à celui des examens, surtout dans les pays où sévit le régime des concours et où les individus les plus doués et les plus utiles à la société peuvent perdre des mois ou des années à l'âge précisément où s'organisent en eux les idées nouvelles qui orienteront leur carrière future.

L'éducation préscolaire.

Le sens des réformes d'après-guerre, eu égard aux grands problèmes rappelés à l'instant, est en général de proposer un tronc commun initial, jusque vers 11 ou 12 ans (parfois davantage), suivi d'un cycle d'orientation au cours duquel se décident les spécialisations. Cet âge de 11 à 12 ans est heureusement choisi car, dans nos milieux, c'est l'âge où psychologiquement l'enfant dépasse le niveau des opérations concrètes (classes, relations, nombres, etc.) pour atteindre celui des opérations proportionnelles ou formelles qui lui permettent de faire des hypothèses et de raisonner dans la direction du possible : donc de se libérer du donné immédiat dans la direction d'intérêts et de projets qui révèlent tôt ou tard ses vraies aptitudes.

Mais à quel niveau débutent le tronc commun et la scolarité proprement dite ? En général vers 7 ans, et cet âge aussi est judicieusement choisi puisqu'il correspond aux débuts de la constitution des opérations concrètes. Mais auparavant ? Et comment favorise-t-on la formation de ces instruments intellectuels de base ?

L'éducation préscolaire (« maternelles » ou autres qualificatifs) donne encore lieu à des modes d'organisation très variables selon les pays mais tend nettement à se généraliser. Aux Etats-Unis d'Amérique ce type d'écoles accueille environ la moitié des jeunes enfants ; en Ontario (Canada), 1 650 écoles publiques ou séparées comptent au moins une classe maternelle, tandis que dans la province de Québec le rapport Parent, qui est l'un des plus intéressants des essais de planification ou de réforme, réclame leur généralisation.

C'est ce qu'avait déjà demandé la Conférence internationale de l'Instruction publique en 1939 : « L'éducation préscolaire, qui s'adresse à l'enfant durant la période qui précède l'âge de la scolarité obligatoire, doit constituer l'une des préoccupations des autorités scolaires et pouvoir être accessible à l'ensemble des enfants. »

Il y a à cela, bien sûr, des raisons économiques, car la généralisation du travail de la femme ne peut que conduire à des mesures destinées au soin et à l'éducation des jeunes enfants durant les heures de ce travail.

Mais il s'y ajoute des raisons psychologiques dont on souligne de plus en plus la valeur, et il est utile de les signaler car c'est là l'une des questions dont la solution dépend le plus de l'état des connaissances et des travaux sur le développement de l'enfant. Dans la perspective où l'on pouvait considérer l'intelligence comme issue essentiellement du jeu des perceptions ou sensations, une « éducation sensorielle », dont le modèle a été fourni par Froebel et ses exercices bien connus, pouvait paraître répondre le plus exactement aux besoins de l'école maternelle. Mme Montessori a repris le principe en y ajoutant (grâce à son intuition mais sans en faire la théorie) une bonne part d'action, mais canalisée d'avance par un matériel tout monté. Or, nous savons aujourd'hui que l'intelligence procède avant tout de l'action et qu'un développement des fonctions sensori-motrices au sens plein de la libre manipulation autant que de la structuration perceptive favorisée par cette manipulation constitue une sorte de propédeutique indispensable à la formation intellectuelle elle-même. Sans doute l'enfant normal se débrouille-t-il de lui-même à cet égard en toutes les situations. Mais à connaître le détail de cette évolution, on peut la favoriser grandement et tel est l'un des rôles que s'assigne l'éducation préscolaire lorsqu'elle peut s'appuyer sur des données précises.

C'est dans cet esprit que la Recommandation des Ministères en 1939 préconise que l'enseignement préscolaire « se borne à une éducation sensori-motrice » et que l'on réserve à l'enseignement primaire « l'apprentissage systématique de la lecture, de l'écriture et du calcul ». Mais elle précise qu'avec un matériel adéquat et en faisant suffisamment appel à l'activité spontanée, ces manipulations sensori-motrices conduisent à « l'acquisition des notions numériques et des formes ». Nous ajouterons qu'en plus de ce début des intuitions numériques et spatiales, l'activité propre à ce niveau prépare les opérations logiques elles-mêmes en tant que la logique repose sur la coordination générale des actions avant de se formuler sur le plan du langage.

Mais l'obstacle à ce développement de l'éducation préscolaire, vivement souhaité en bien des milieux (notamment français) mais peu compris en d'autres, est naturellement que plus on fait appel aux activités spontanées des petits plus cela suppose d'initiation psychologique. Or, il est bien plus facile d'encadrer les sujets les plus jeunes dans des jeux ou exercices entièrement réglés par l'institutrice, et, moins celle-ci est formée, moins elle comprend ce qu'elle perd par ignorance psychologique. C'est donc avec raison que la même Recommandation souhaite que (article 17) : « La formation des institutrices des classes préscolaires doit toujours comprendre une spécialisation théorique et pratique qui les prépare à leur tâche. En aucun cas cette préparation ne doit être moins approfondie que celle du personnel enseignant primaire. » D'où les conséquences de traitement et de nomination que l'on devine (articles 19-20).

Nous nous excusons de rappeler les vérités premières à propos des grandes réformes de l'après-guerre, mais, dans la mesure où celles-ci mettent l'accent sur la formation de l'esprit expérimental et scientifique, il n'est aucune raison de négliger les plus modestes, en apparence, des conditions de cette formation et ceux des éducateurs de niveaux « supérieurs » qui en sourient feraient bien de prendre contact avec les physiciens de métier qui, aux U.S.A., n'ont pas craint de descendre jusqu'aux petites classes des « nursery-schools » pour améliorer les méthodes d'initiation.

Les réformes de structure aux niveaux du premier et du second degré.

Le projet Langevin-Wallon demeure un modèle de plan de réforme intégrale. Remis au ministère de l'Education nationale en 1944, il prévoyait :

(1) un enseignement obligatoire de 6 à 18 ans qui comportait trois cycles, (a) un cycle élémentaire de 6 à 11 ans, commun à tous les élèves, (b) un cycle d'orientation de 11 à 15 ans avec spécialisations progressives mais passage possible d'un enseignement à un autre, et (c) un cycle de détermination de 15 à 18 ans avec trois sections, pratique, professionnelle et théorique, (2) un enseignement propédeutique (18 à 20 ans) et (3) un enseignement supérieur.

Ce projet n'a jamais été appliqué. Il a été repris à peu de chose près par M. Depreux, puis Y. Delbos et en 1953 par A. Marie qui a introduit pour le cycle 1 c l'idée de deux enseignements parallèles, l'un « court » et l'autre « long ». En 1955, le projet de M. Berthoin ramenait le terme de l'enseignement obligatoire à 16 ans et proposait a) un programme commun de 6 à 11 ans, b) un cycle d'orientation de 11 à 13 ans et c) un cycle de 13 à 16 ans avec quatre sections : générale, professionnelle, terminale et supérieure. Le projet Billières en 1956 n'en différait que peu.

Le 6 janvier 1959 paraissaient une ordonnance (59-45) prolongeant la scolarité obligatoire jusqu'à 16 ans et deux décrets (59-57 et 59-58) prévoyant la réforme du baccalauréat. En 1960 ont été prises les mesures d'application et il en est résulté la création, au terme du cycle élémentaire de 6 à 11 ans, d'un cycle d'orientation de 11 à 13 ans avec des classes « passerelles » ou « d'accueil » assurant les transferts possibles d'un type d'enseignement à un autre et assurant la continuité de l'orientation. A la sortie du cycle d'orientation, trois voies sont ouvertes : l'enseignement général, professionnel ou terminal.

Cette réforme a naturellement été jugée ou excessive (la *Société des agrégés* y a vu « la mort de l'enseignement secondaire ») ou insuffisante (Roger Gal n'y trouve qu'un compromis : « Nous sommes toujours dans l'attente d'une vraie réforme »).

En août 1963 un nouveau décret répartit l'enseignement du second degré en deux cycles, le premier de 11 à 15 ans pendant lequel se fait l'orientation (début dès la fin du premier trimestre) et le second de 15 à 18 ans. Le premier comprend des sections parallèles et proches avec passages transversaux possibles : sections de culture générale, classiques, modernes (I et II suivant le nombre de langues) et sections préparant à l'enseignement professionnel (et professionnel agricole). Le second comporte les possibilités d'un enseignement court (général ou technique) ou long (aboutissant au baccalauréat de philosophie ou de sciences). Les collèges polyvalents sont appelés « collèges d'enseignement secondaire ».

L'idée d'un cycle d'orientation a fait son chemin et est actuellement à l'épreuve en d'autres pays, par exemple dans le canton de Genève où l'on prévoit une mise en place de trois années pour organiser successivement les trois classes de ce cycle, comprises entre 12 et 15 ans, et faisant le pont entre les enseignements primaire et secondaire supérieur.

A titre de comparaison on peut citer la réforme yougoslave, qui s'est étagée sur plusieurs années après l'envoi d'experts en des pays étrangers et une invitation de deux experts de l'Unesco. L'école primaire est obligatoire entre 7 et 15 ans. Après quoi l'élève passe dans les lycées ou les écoles professionnelles, mais avec passages possibles des uns aux autres. Les lycées comportent deux sections, l'une de sciences sociales et de langues, l'autre de sciences naturelles et mathématiques, mais avec des branches générales, communes à tous les élèves et facultatives avec options. L'enseignement professionnel prévoit un système souple de combinaisons entre les formations scolaires et extrascolaires de manière à assurer l'élasticité voulue à la constitution des cadres. L'enseignement universitaire (comprenant toutes les hautes écoles) prévoit un premier cycle de 2 ans à formation professionnelle supérieure, un second de 4 ou 5 ans correspondant aux formations universitaires habituelles et un troisième consacré aux spécialisations de la recherche scientifique. L'entrée à l'université n'est plus subordonnée à un baccalauréat mais à un examen de fin d'études secondaires.

Le système yougoslave est donc destiné à produire une élite intellectuelle, tout en supprimant l'ancienne opposition entre les professions jugées supérieures et inférieures et en conservant une élasticité suffisante pour assurer la mobilité (transversale) des élèves et l'adaptation aux nouveaux besoins pouvant surgir dans la vie économique ou sociale.

Comme on le voit, il existe malgré les différences idéologiques et terminologiques une convergence certaine entre ces types de réformes : recherche d'un « tronc commun » au point de départ des différenciations, élargissement de l'éventail de ces spécialisations dans les directions professionnelles ou techniques et mobilité dans les passages transversaux. Ce sont les mêmes caractères que l'on retrouve dans les projets de réformes non encore appliqués, soit à cause des résistances conservatrices, soit parce qu'ils sont trop récents. Parmi les derniers, le rapport Parent au Canada français est particulièrement novateur. Il prévoit d'abord un enseignement élémentaire de six années dont les trois premières seraient consacrées par les méthodes les plus actives à l'apprentissage des techniques de base et les trois dernières à une initiation aux méthodes de travail personnel et de travail en équipes. Puis vient un enseignement secondaire polyvalent de cinq ans avec la plus grande mobilité dans les options mais avec les particularités structurales et méthodologiques suivantes.

En premier lieu l'école élémentaire ne devrait pas garder les élèves âgés de plus de 13 ans : l'école secondaire accueillera tous les enfants sans égard aux résultats obtenus et pour les faibles on organisera une année préparatoire. Les options seront donc très différenciées et comporteront de multiples branches techniques dont chaque élève devra choisir l'une au moins pendant tout le secondaire, ce qui implique les ateliers appropriés et une régionalisation de l'enseignement. En second lieu la Commission Parent ne veut plus que le silence et l'immobilisme demeurent les grandes vertus scolaires. Les méthodes seront donc actives en étroite conformité avec les données de la psychologie de l'enfant, ce qui supposera une préparation plus complète et plus scientifique de l'ensemble des maîtres (à l'université, verrons-nous, et pour tous les degrés) et avant tout, dit le rapport, un travail d'équipe plus poussé chez ces professeurs eux-mêmes !

Mais surtout la Commission Parent propose la suppression des examens, le but de l'école étant la formation de l'élève dans ses méthodes de travail et non pas la réussite d'une épreuve finale ne reposant que sur une accumulation momentanée de connaissances. L'élève sera donc jugé sur son travail et, après un cycle de deux ans de formation générale et un cycle de trois ans avec spécialisations plus poussées, il recevra un diplôme de fin d'études secondaires décrivant les résultats obtenus.

Entre cet enseignement secondaire et les Facultés est enfin prévu un enseignement « préuniversitaire et professionnel » de deux ans, ouvert à tous et donné dans des Instituts spéciaux distincts de l'Université et très largement polyvalents.

Les méthodes d'orientation et le rôle des psychologues scolaires.

En plus de l'utilité évidente et inappréciable qu'ils présentent au point de vue social, les cycles d'orientation rendent déjà le grand service pédagogique de poser en termes nouveaux le problème de l'examen des élèves.

Dans les conceptions et les structures antérieures chaque élève suivait une filière bien déterminée, mais choisie trop tôt pour tenir compte de ses aptitudes réelles et pour juger des situations économiques ou sociales où s'exercera la profession ou le métier correspondant à cette marche des études. Dans les grandes lignes, l'adaptation était suffisante et la fin des études (ou la fin de chacun des cycles successifs) couronnée par la réussite d'examens terminaux portant sur un ensemble de connaissances acquises, les unes indispensables et les autres destinées à sombrer dans un oubli plus ou moins complet.

Mais en cas d'échecs ou de désadaptations momentanées deux problèmes demeuraient en suspens. L'un se posait à la fin des études, quel que soit le niveau de cette terminaison, au cas où l'ancien élève avait échoué aux examens finals ou encore au cas où, les ayant réussis, il ne trouvait pas sans plus la situation professionnelle qui lui convenait. A cet effet ont été organisés les services d'orientation professionnelle, encouragés par ailleurs par nombre d'entreprises privées ou publiques qui désirent choisir leur personnel en connaissance de cause et en fonction d'aptitudes relativement déterminées. Les services d'orientation professionnelle se sont multipliés depuis 1935 et ont très sensiblement perfectionné leurs méthodes. Une formation universitaire des orienteurs est devenue de plus en plus courante et certains instituts spécialisés, comme « l'Institut national d'orientation professionnelle » fondé à Paris par H. Piéron et dirigé après sa retraite par M. Reuchlin, atteignent un haut niveau de méthodologie scientifique, ce qui n'est d'ailleurs pas nécessairement le cas partout (en Suisse, par exemple, le niveau de formation des orienteurs et la valeur scientifique des services diffèrent considérablement d'un canton à un autre et, à côté d'orienteurs psychologues, on en peut trouver qui ne disposent que d'une connaissance du marché, de leur bon sens et de quelques épreuves empruntées ou non à la psychologie mais sans la formation qui seule les rend utilisables).

En second lieu les structures pédagogiques antérieures aux cycles d'orientation laissaient subsister le problème de la désadaptation possible des élèves au cours même de leurs études. C'est surtout à cet effet qu'ont été organisés les services de psychologie scolaire, car, à côté des cas d'échecs nets où le maître est compétent pour déconseiller la suite des études ou pour demander un changement d'école (encore restait-il à décider si l'échec est irrémédiable et une analyse psychologique poussée reste toujours désirable), il se présente des quantités de désadaptations momentanées, de nature caractérielle ou intellectuelle, à l'égard desquelles le maître, ne serait-ce que faute de temps, peut souhaiter le concours de psychologues spécialisés en ce genre d'études et d'examens. Il reste bien entendu le médecin scolaire et il peut arriver qu'un médecin-psychologue vaille mieux, en tant que polyvalent, qu'un psychologue non médecin ; mais que l'on soit médecin ou non, la psychologie comporte une préparation spéciale, longue et poussée, et la psychologie scolaire suppose en plus une spécialisation particulièrement délicate.

On a donc organisé des services de psychologie scolaire, et, en France, on a eu l'heureuse idée de les confier à des spécialistes qui soient qualifiés par une double préparation : une préparation pédagogique complète (diplôme et pratique de l'enseignement, ce qui, entre autres, supprime l'hétérogénéité et les tensions affectives entre le maître d'école et le psychologue) et une préparation psychologique non moins complète, suivie d'une préparation spécialisée.

Ces services ont fait de l'excellent travail notamment en France, où leur suppression momentanée dans le département de la Seine a été fort mal accueillie et, en plus d'innombrables réussites pratiques, ont fourni des études scientifiques intéressantes (entre autres sur nos épreuves relatives aux opérations logico-mathématiques). La conférence internationale de l'Instruction publique s'est intéressée au problème et les ministères ont voté en 1948 une recommandation sur « le développement des services de psychologie scolaire ». L'article 3 précise ainsi les buts poursuivis : « dépistage des arriérés et des mieux doués, réadaptation des enfants difficiles, orientation et sélection scolaires, orientation préprofessionnelle, adaptation des programmes scolaires et contrôle du rendement des différentes méthodes pédagogiques en collaboration avec les professeurs et les autorités scolaires ».

On notera avec intérêt que cette recommandation n'insiste pas seulement sur les services attendus dans le domaine de la psychologie individuelle ou différentielle, mais aussi sur les questions, relevant de la psychologie générale des fonctions intellectuelles, d'adaptation des programmes et de rendement des méthodes. L'article 7 revient sur cette préoccupation : « Que la psychologie scolaire ne se borne pas à l'examen des cas individuels, mais puisse collaborer avec le maître dans l'analyse du rendement des méthodes pédagogiques utilisées, et dans l'adaptation de ces méthodes au développement mental des élèves. »

Tel était donc l'état de la question lorsque ont été organisés les cycles d'orientation. Il va de soi que le fonctionnement de ceux-ci renouvelle complètement les problèmes, puisqu'il ne s'agit plus surtout de remédier à des désadaptations individuelles, momentanées ou finales, mais au contraire d'assurer de façon continue une adaptation de chacun à propos d'options ou d'orientations possibles multiples.

En principe l'orientation est confiée aux parents et aux maîtres. Dans le système français il est prévu un « conseil d'orientation » formé de l'ensemble des professeurs qui décident des propositions à suggérer aux élèves. Mais celles-ci ne sont pas impératives. Si elles sont suivies, l'élève entre de plain-pied dans la section ou l'établissement indiqués. Si le choix des parents diffère des recommandations du conseil, l'élève a le droit de se présenter mais est soumis à un examen d'admission.

Le décret du 2 juin 1960 qui mettait en œuvre la

réforme de 1959 ne mentionne les psychologues scolaires qu'à l'échelle des « conseils départementaux » groupant les représentants des divers ordres d'enseignements, de l'Académie, des parents, de l'orientation scolaire avec un médecin et un psychologue scolaire, et qui ont pour tâche la réalisation de la réforme ou la proposition des modifications souhaitables. Mais il va de soi que dans l'immense travail d'orientation incombant aux maîtres des premières classes de l'enseignement secondaire le recours aux psychologues scolaires ne peut que s'imposer. A Genève où l'expérience est en cours à une échelle assez réduite pour permettre une analyse détaillée des cas individuels, les psychologues scolaires fonctionnent à plein rendement et jouent un rôle nécessaire dans le diagnostic et surtout le pronostic relatifs aux aptitudes et à l'orientation des élèves.

A cet égard les cycles d'orientation soulèvent en toute son acuité et en toute sa généralité le problème, dont l'importance est essentielle pour la pédagogie, des méthodes d'estimation de la valeur intellectuelle d'un élève et des aptitudes particulières qui le caractérisent. Le terme de « valeur intellectuelle » est à prendre au sens large, car il est évident qu'un travail suivi, une disposition inventive, etc., sont affaire de caractère, de régulation affective et de comportement social autant que d'intelligence, d'imagination et de mémoire : il n'est pas difficile, par exemple, de rencontrer dans les milieux scientifiques des individus qui avaient tout pour réussir brillamment, sauf une autodiscipline, une volonté de réalisation ou de choix, etc.

Quelles sont donc les méthodes permettant de juger et surtout de prévoir le travail effectif d'un sujet individuel et spécialement d'un enfant ou d'un adolescent ?

Notons d'abord que l'âge de 11 à 13 ans pour un cycle d'orientation est un âge *minimum* : ce n'est que l'âge du début des opérations propositionnelles ou formelles, dont le palier d'équilibre se constitue vers 14-15 ans, de telle sorte que bien des traits spontanés peuvent ne se manifester qu'ensuite. Le pronostic est d'autant plus délicat que l'élève est plus jeune.

La première méthode est l'observation suivie du travail de l'élève par le maître. La valeur de ce jugement est naturellement proportionnelle à celle du maître, elle réside en son intelligence et en son objectivité ou impartialité, notamment en sa capacité de pouvoir dissocier les qualités permanentes des qualités scolaires. Bien meilleure que la méthode des examens, cette observation du travail de l'élève constitue donc une donnée essentielle et c'est en lui faisant confiance que l'on propose parfois (comme la Commission Parent au Canada) la suppression des examens. Mais deux remarques ont été souvent faites en ces dernières années. La première semble de pure forme, mais a son importance pédagogique : au lieu d'évaluer les résultats des élèves par des notes en chiffres (échelle 0 à 10 ou à 20, etc.) certaines écoles se sont félicitées d'y substituer des appréciations qualificatives (« bien » ou « encore un effort à fournir », etc.) qui se sont révélées plus stimulantes et finalement plus objectives que des « moyennes » dont on sait assez que le caractère numérique ou pseudo-mathématique est purement symbolique.

Une autre remarque est plus grave : l'évaluation du travail continu de l'élève n'est pas seulement relative au maître, à qui l'on peut faire confiance, mais aux méthodes employées dans ce travail. Ce n'est, en effet, que dans une ambiance de méthodes actives que l'élève fournit son plein rendement, tandis qu'en toute situation propre aux méthodes réceptives le danger est de surestimer les forts en thème et les esprits scolaires, sans apercevoir celles des qualités qui n'ont pas alors l'occasion de se manifester et qu'un examen psychologique poussé mettra en évidence.

Une seconde méthode d'évaluation est celle des examens scolaires. On souligne de plus en plus le rôle néfaste des examens dans le travail de l'école, parce qu'ils polarisent sur la poursuite de résultats éphémères et en bonne partie artificiels la plupart des activités qui devraient être consacrées à la formation de l'intelligence et des méthodes de travail. Mais même à titre d'indices de la valeur des élèves, ils ont donné lieu à des critiques sévères. C'est en France qu'est née la « docimologie » ou étude scientifique de la portée réelle des examens, et H. Piéron, H. Laugier avec bien d'autres ont mis en évidence la variabilité, l'arbitraire relatif et le peu de signification concrète des notes d'examens. De plus, admissible en principe si l'on pouvait se borner à une estimation du degré de compréhension d'une matière, l'examen y mêle fatalement des questions de mémoire, et d'une mémoire qui n'a en général pas de rapport avec celle qu'on utilise à bon escient dans la vie, puisqu'il s'agit en fait d'une accumulation provoquée et momentanée, c'est-à-dire d'un artefact mental. Le seul examen sérieux serait, à condition de neutraliser les perturbations affectives, celui que le candidat passerait avec ses livres et sa documentation, à faire un travail prolongeant ceux qu'il a déjà fournis : autrement dit une branche de son travail quotidien, ce qui ramène à la première méthode.

La troisième méthode est celle des « tests » habituels, qui relèvent de la psychologie scolaire. On dira qu'il s'agit encore d'examens, mais examens pour examens, ils ont l'avantage de n'être pas préparés artificiellement par l'élève, et par conséquent de donner des résultats beaucoup plus stables, avec convergence beaucoup plus sûre et objective entre les divers examinateurs. L'inconvénient est par contre que les tests ne mesurent que des résultantes ou « performances » sans atteindre leur mécanisme fonctionnel ou formateur. Il en résulte que, valables à titre diagnostique, ils sont insuffisants comme instruments pronostiques.

La quatrième méthode consistera donc en un examen psychologique qualificatif serrant de près le fonctionnement de la pensée du sujet et mettant en évidence les structures opératoires qu'il parvient à dominer. Il s'agira donc d'épreuves au cours desquelles un problème posé est résolu progressivement, ce qui donne prise à l'analyse et permet les comparaisons en se référant à une échelle de développement plus ordinale que métrique. C'est ainsi que, sous l'impulsion de M. Reuchlin, l'Institut national d'orientation professionnelle a mis au point des épreuves inspirées par nos analyses opératoires, notamment aux niveaux de la préadolescence et de l'adolescence.

D'une manière générale les services que peut rendre la psychologie scolaire semblent d'autant plus valables qu'ils s'appuient sur une psychologie plus générale et mieux structurée théoriquement. La psychologie a trop souvent lâché la proie pour l'ombre en cherchant l'application et en particulier la mesure avant de comprendre les mécanismes formateurs et la signification des facteurs mesurés. Dans ce domaine et en analogie avec bien d'autres on peut dire qu'il n'y a pas de psychologie appliquée mais que toute bonne psychologie est susceptible d'applications.

L'élaboration des programmes primaires et secondaires

Tant le développement des disciplines à enseigner (voir le chapitre 3) que l'extension continue des sections d'enseignement avec la mobilité croissante que permettent les cycles d'orientation imposent des révisions ou des refontes fréquentes des programmes. Il y a donc là un problème, assurément permanent, mais qui s'est posé de manière insistante au cours de ces dernières années, au point que la Conférence internationale de l'Instruction publique a cru devoir voter deux recommandations, en 1958 et en 1960, sur « l'élaboration et la promulgation des programmes de l'enseignement primaire » puis « ... des programmes de l'enseignement général du second degré ». Si nous citons souvent ces « recommandations », ce n'est pas par un respect exagéré pour une conférence annuelle dont nous sommes certes en partie responsable, mais dont le chapitre suivant aura l'occasion de dire qu'elle ne saurait en rien se substituer au labeur collectif des spécialistes qui étudient scientifiquement les questions : c'est parce que, réunissant les délégués mandatés des ministères de l'Instruction publique, elle constitue un reflet exact, non pas certes de l'opinion publique ni même de celle des corps enseignants en charge, mais bien de celle des autorités scolaires qui ont tout pouvoir d'exécution une fois leurs propositions approuvées par les parlements.

Or, ces recommandations 46 et 50 insistent l'une et l'autre sur les dangers des programmes trop riches : « A l'encyclopédisme des programmes, il convient de substituer les notions essentielles » (*R.* 46, article 9) et : « La tendance assez fréquente à surcharger les plans d'études et les programmes, soit par l'introduction de matières nouvelles, soit par le développement du contenu de chaque discipline en particulier, présente un réel danger ; pour parer à ce danger il importe que l'introduction des notions nouvelles soit compensée par la suppression d'autres notions ayant perdu de leur importance..., etc. » (*R.* 50, article 20). Un ministre de l'Instruction publique d'une République populaire nous disait même un jour que, pour lui, la question pédagogique internationale la plus urgente était celle de la surcharge des programmes d'enseignement.

Mais comment choisir les « notions essentielles » à l'étude desquelles devraient se borner les programmes scolaires ? Les recommandations en question préconisent que l'élaboration et la révision des programmes soient confiées à des organes particuliers dans lesquels seraient représentés, il va de soi, les corps enseignants des niveaux considérés et les spécialistes des disciplines en question, mais qui comprendraient aussi des maîtres appartenant à d'autres niveaux et à d'autres ordres d'enseignement, pour assurer les liaisons, des « spécialistes des questions de didactique » et des psychologues de l'enfance et de l'adolescence.

Et pour ce qui est des programmes du second degré, la conférence a tenu à préciser que « les instances chargées de l'élaboration des programmes doivent prévoir une étape préliminaire de documentation, portant entre autres : *a)* sur les caractéristiques et le rythme de développement des enfants, à un âge qui est affecté par la crise de l'adolescence ; *b)* sur les progrès scientifiques les plus marquants qui ont été réalisés dans les différents domaines constituant les matières d'enseignement ; *c)* sur les données nouvelles de la didactique, tant générale que spécialisée ; *d)* sur le degré de préparation scientifique et pédagogique des maîtres chargés de l'enseignement ; *e)* sur les tendances qui régissent l'évolution culturelle, sociale et économique du monde moderne ; *f)* sur les études comparées concernant les programmes appliqués en d'autres pays ; *g)* sur le résultat des expériences réalisées à cet égard dans le pays même et en d'autres pays » (*R.* 50, article 28).

Et la conférence insiste en demandant que, avant la promulgation définitive des programmes, ils soient « soumis à des essais soigneusement contrôlés, soit dans des écoles de type expérimental, soit dans des établissements ordinaires... choisis à cet effet ». Et par essais contrôlés, la conférence ne pense pas à ces sortes d'essais globaux dont on se contente si facilement, mais à des recherches détaillées : « Etant donné l'importance des recherches psychologiques dans l'élaboration et la révision des programmes de l'enseignement du second degré, il est à souhaiter que l'on encourage la poursuite de telles recherches dans des centres dotés de moyens appropriés, en y associant dans toute la mesure du possible des maîtres qui s'intéressent à ce genre de recherches » (*R.* 50, article 27). Et *R.* 46 article 15 : « La recherche pédagogique de caractère expérimental étant appelée à jouer un rôle primordial dans les travaux de réforme et de révision des programmes primaires, il conviendra d'augmenter le nombre des centres et des maîtres qui se consacrent à cette recherche, ainsi que les moyens mis à leur disposition. »

En ce qui concerne la surcharge des programmes secondaires, il n'est pas inutile de rappeler un facteur affectif ou même économique dont on a parfois signalé l'influence en comparant les systèmes de traitement des maîtres spécialisés. Chacun tient, en effet, à sa branche pour des raisons multiples où l'ardeur intellectuelle peut se combiner avec des raisons de dignité et de position dans l'école. Il est donc parfois apparu que des traitements calculés au prorata exact du nombre des heures d'enseignement peuvent aboutir tôt ou tard à une augmentation du nombre de ces heures, tandis que des traitements globaux rendent plus aisés certains allégements.

7

La collaboration internationale en matière d'éducation

L'un des traits frappants des transformations pédagogiques d'après la dernière guerre mondiale est la dimension internationale qu'ont prise tous les problèmes et les progrès d'une collaboration internationale en ces domaines, déjà amorcée certes entre 1925 et 1939 mais infiniment renforcée entre 1945 et 1965.

Certes la psychologie de l'enfant et la pédagogie en tant que discipline scientifique ont toujours été internationales de nature, en ce sens qu'il est impossible de poursuivre des recherches en un pays quelconque sans tenir compte de l'ensemble des recherches de même nature qui se font dans le monde entier. Il en est résulté que les travaux d'un Dewey, d'un Decroly ou d'une Montessori ont influencé l'éducation en tous les pays. En outre, les chercheurs en pédagogie ont naturellement organisé des congrès internationaux, tels que les *Congrès d'éducation morale* qui se réunissaient périodiquement, et ont surtout constitué des groupements avec congrès réguliers tels que la *Ligue pour l'éducation nouvelle*, longtemps animée par

Mrs Ensor, et dont les travaux ont eu une importance considérable et se poursuivent encore aujourd'hui.

Mais en dehors de la recherche ou du zèle propagandiste des partisans de méthodes nouvelles, chaque milieu pédagogique demeurait plus ou moins fermé en son territoire national et si, selon les influences politiques, tel petit pays tendait à s'inspirer des méthodes et des structures éducatives adoptées par un grand, on ne songeait guère, et les grands pays moins encore que les autres, à des échanges d'expériences ou des études comparatives pouvant faciliter les décisions à prendre. Il existait même un courant non négligeable s'opposant explicitement à toute collaboration internationale en matière d'éducation sous des prétextes de souveraineté nationale qui nous paraissent surprenants aujourd'hui, mais en fait pour des raisons tenant surtout au maintien de certaines positions traditionnelles et philosophiques.

Aujourd'hui au contraire la coopération internationale en matière d'éducation est devenue si naturelle que, pour n'en donner qu'un indice, presque chacune des recommandations votées par les sessions annuelles de la Conférence de l'Instruction publique comporte une section entière désignée selon les cas par les titres de « Entraide internationale », « Collaboration internationale » ou « Aspects internationaux du problème », qu'il s'agisse de financement, d'accès à l'éducation dans les zones rurales, de constructions scolaires, d'enseignement des mathématiques, d'enseignement spécial pour débiles mentaux, de programmes généraux, de planification, etc.

Les étapes de la collaboration internationale sur le terrain de l'éducation.

Le courant opposé à cette collaboration était si fort aux débuts de la Société des Nations que malgré les propositions précises de Léon Bourgeois, celle-ci a décidé d'exclure les questions pédagogiques de son champ d'action.

La réaction à cette carence a été double. D'une part, le gouvernement français a mis sur pied et offert à la Société des Nations en 1925 un *Institut international de Coopération intellectuelle* dont les activités furent multiples sans pouvoir, au début, lever l'ostracisme qui excluait l'éducation. D'autre part, l'Institut J.-J. Rousseau, alors institution privée à Genève, décida la fondation d'un *Bureau international d'Education*, également privé mais qui organisa certains congrès et modifia sa structure en 1929 de manière à pouvoir compter pour membres des gouvernements ou des ministères de l'Instruction publique. Lors de cette réorganisation trois gouvernements prirent l'initiative d'une adhésion formelle : ceux de la Pologne, de l'Equateur et de la République et canton de Genève (le gouvernement fédéral suisse réservant sa position).

Entre 1929 et 1939 les activités de l'Institut de Coopération intellectuelle et du Bureau international d'Education s'orientèrent de façon complémentaire. Le directeur général H. Bonnet, désireux de procéder par étapes en son institut qui dépendait de la Société des Nations, parvint à faire créer dans un certain nombre de pays des « Centres nationaux de documentation pédagogique » dont l'Institut international assurerait la coordination. Le Bureau international d'Education, dont les pays membres s'accroissaient en nombre selon une progression lente mais assez régulière, organisait de son côté, lors des assemblées annuelles de son conseil, une présentation et une discussion de rapports généraux des ministères de l'Instruction publique représentés à ce conseil, ce qui a constitué en fait, en 1932 et 1933, les deux premières Conférences internationales de l'Instruction publique. L'expérience s'étant révélée fructueuse, une « troisième Conférence internationale de l'Instruction publique » fut convoquée en 1934, par l'intermédiaire du gouvernement suisse, et ouverte à tous les pays membres ou non membres du bureau. Cette conférence, consacrée aux problèmes de la prolongation de la scolarité obligatoire, de l'admission dans les écoles secondaires et des économies dans le domaine de l'instruction publique réussit avec succès et fournit notamment des armes aux ministères de l'Education pour se protéger en leurs pays respectifs contre les excès d'économie qui, à cette époque comme en d'autres, frappaient l'enseignement plus que certains domaines. Les conférences de l'Instruction publique (on ne disait pas encore les « sessions de la conférence ») se poursuivirent annuellement jusqu'en 1939 et reprirent en 1946.

Après la guerre de 1939-1945 les mêmes causes

sociales, politiques et économiques qui entraînèrent sur tous les points du globe l'extension explosive de l'éducation, dont il a été question, rendirent à la fois désirable et même nécessaire une collaboration internationale élargie, au point qu'il ne subsiste rien des courants contraires qui avaient retardé le mouvement à l'époque de la Société des Nations. Sous l'égide des Nations unies se constitua donc la vaste « Organisation des Nations unies pour l'Education, la Science et la Culture » ou *Unesco*, dont l'une des activités centrales fut donc dès le départ la coopération en matière d'éducation et d'instruction.

L'Unesco est avant tout un organe d'action et il est le seul, sur le terrain qui nous occupe, à en posséder les moyens à la fois financiers et politiques. Cela ne signifie en rien que cette grande Organisation ne se livre pas à des recherches car il en est de nécessaires avant toute campagne d'action, mais elle ne se livre pas à la recherche pour elle-même sauf sur certains points où elle la considère comme utile pour déclencher un courant profitable : c'est le cas, en particulier dans le domaine des Sciences sociales, dont le département à l'Unesco publie une revue très vivante et fournit des exemples de recherches utiles. Sur les multiples terrains de l'éducation, par contre, les tâches sont à la fois si multiples et si urgentes que l'Unesco, comme on l'attendait d'elle, s'est consacrée à un certain nombre d'entreprises internationales relevant de l'action proprement dite.

Chacun connaît les efforts de l'Organisation dans le domaine de la lutte contre l'analphabétisme ou, comme on dit aujourd'hui, en faveur de l'éducation de base, car l'analphabétisme n'est pas qu'une privation des usages de la lecture et de l'écriture mais une carence générale intéressant les moyens de production et la santé elle-même autant que les systèmes de communication liés à l'alphabet et qui servent à la transmission des connaissances élémentaires dont dépend la vie entière.

Sur le terrain de l'assistance technique ou, comme on dit aujourd'hui, de la coopération technique, l'Unesco fournit également une aide continuelle aux pays en voie de développement, en envoyant des experts dont le travail contribue à la constitution ou au fonctionnement des structures indispensables au progrès de l'enseignement.

Tout récemment l'Unesco a provoqué la formation d'un Institut international de planification de l'éducation en vue de l'étude et de l'information mutuelle en ce domaine essentiel.

La politique intelligente de l'Unesco a constamment consisté à utiliser sans les absorber les organismes déjà existants ou à créer des organismes à des fins particulières en leur conférant une autonomie intellectuelle, administrative et financière (on vient d'en avoir un exemple). De là sont nés des relations étroites avec le Bureau international d'Education et un accord aboutissant à placer la Conférence internationale de l'Instruction publique sous l'administration commune des deux institutions. Le régime a fonctionné dès la session de 1947 et a donné satisfaction à chacun.

Le fonctionnement et les lacunes de la Conférence internationale de l'Instruction publique.

Une commission mixte comprenant trois représentants du Conseil exécutif de l'Unesco et trois représentants du B.I.E. décide des questions à mettre à l'ordre du jour de la Conférence de l'Instruction publique. Le secrétariat de l'Unesco prépare alors cette monographie ou telle étude particulière concernant les questions ainsi choisies et les publie sous forme de documents qui, avant d'être accessibles au public, seront distribués aux représentants des ministères à la session considérée de la conférence. De son côté, le Bureau international d'Education met au point un questionnaire sur les questions choisies et l'adresse à tous les ministères de l'Instruction publique, le texte de ce questionnaire ayant été discuté au préalable et mis au point par le Comité exécutif de l'institution, dans lequel sont représentés tous les pays membres. Les résultats de ces études comparatives sont élaborés et présentés en des publications qui, elles aussi, sont distribuées à tous les représentants à la conférence avant d'être mis en circulation publique.

La conférence se réunit alors sur convocation commune des deux organisations et selon des listes approuvées par les deux conseils. Tous les ministères de l'Instruction publique sont en principe invités à se faire représenter à droits égaux, qu'ils soient membres ou non membres des organisations invitantes. Mais l'Unesco, faisant partie des institutions spécialisées des Nations unies, est liée par les règles établies par celle-ci. Le B.I.E. n'est pas rattaché aux Nations unies, mais la volonté politique des majorités peut aboutir aussi à certaines restrictions : malgré les intentions purement techniques et la neutralité des dirigeants du B.I.E., la République populaire de Chine n'a encore pu être invitée malgré ses 450 millions d'habitants, ce qui est naturellement en contradiction complète avec l'esprit de la conférence.

Celle-ci une fois réunie discute les questions mises à l'ordre du jour et vote des « Recommandations ». Il est inutile d'en citer de nouveaux exemples puisque nous les avons largement utilisées dans les chapitres précédents, à titre d'expression de l'opinion commune des 80 à 100 ministères de l'Instruction publique habituellement représentés. Il est à noter qu'il s'agit là de « recommandations » et non pas de résolutions impératives. La raison en est d'abord que la collaboration internationale en matière d'éducation n'est fructueuse que dans un esprit de réciprocité et de respect mutuel tel que l'autonomie de chacun soit reconnue sans interventions contraires à la souveraineté nationale. Une seconde raison s'y ajoute, tout aussi valable mais de nature plus pédagogique, si l'on peut s'exprimer ainsi en parlant des ministères de l'Education nationale : des résolutions impératives n'aboutiraient qu'à un niveau assez bas, si l'on doit se limiter à ce qu'il y a de commun aux pratiques effectives de tous les Etats, tandis que des recommandations mettent en évidence les expériences les plus remarquables et les résultats les plus heureux en créant une émulation vers le haut dont les effets sont bien supérieurs à tout essai d'uniformisation coercitive.

Il n'empêche qu'en certaines questions touchant directement aux droits de l'homme et à la justice sociale, comme dans les domaines de la scolarité obligatoire, de la mobilité scolaire ou accès à toutes les branches d'enseignement, des mesures destinées à exclure toute discrimination de races, de sexe, etc., il pourrait y avoir avantage à prévoir des mesures normatives en plus de l'information mutuelle ou des simples recommandations. En ces cas, l'Unesco, qui est un organe d'action et qui bénéficie d'un pouvoir juridique et exécutoire bien supérieur à celui du B.I.E., est toute désignée pour prolonger le travail de la conférence commune.

En plus des questions variant d'année en année, la Conférence de l'Instruction publique discute lors de chacune de ses sessions les rapports annuels des ministères, qui sont ensuite réunis en un *Annuaire international de l'Instruction publique*. Les rapports, toujours très instructifs et qui permettent une information réciproque, vivante et d'actualité immédiate à un degré qu'on n'aurait jamais imaginé en 1929-39, indiquent en particulier les suites données aux recommandations des années précédentes.

Telle qu'elle a été rodée en 27 sessions annuelles, la Conférence internationale de l'Instruction publique constitue un instrument utile. Mais ce serait donner une image incomplète de l'éducation et de l'instruction entre 1935 et 1965 que de laisser croire qu'il satisfait pleinement, même ceux qui ont contribué à l'élaborer. Un tableau n'est objectif que s'il marque les ombres aussi bien que les lumières, et nous n'avons pas manqué de nous y efforcer en chacun des chapitres précédents, dès le premier.

Or, à nous reporter au commencement de notre étude, il faut bien reconnaître que les autorités scolaires et les ministères de l'Education sont une chose et que la science ou la recherche pédagogique en sont une autre et c'est d'ailleurs ce que les représentants des premiers à la Conférence de l'Instruction publique ont toujours reconnu avec un grand libéralisme. Il n'en reste pas moins que, à comparer cette Conférence à d'autres du même genre, elle témoigne d'un déséquilibre dont elle n'est pas la source mais dont souffre encore toute l'éducation contemporaine.

Dans l'introduction au recueil des Recommandations de la Conférence (3e édition en 1960), nous avons eu l'imprudence de parler d'« une sorte de Charte ou de Code international de l'Instruction publique, un corps de doctrine pédagogique, etc. ». Mais il faut s'entendre. Quand la Conférence préconise pour les institutrices de l'enseignement préscolaire un traitement égal à celui des membres de l'enseignement primaire, elle parle le langage des chartes ou des codes et exprime une opinion qui est d'une autre nature, étant « autorisée », que celle d'un congrès syndical qui demanderait la même chose... ou le contraire. Lorsque, par contre, la Conférence dit des mathématiques qu'elles relèvent des « processus de la logique en acte » (*R.* 43, article 1), elle a bien raison, mais ce n'est pas parce qu'elle le dit qu'elle a raison ; et, si elle disait le contraire, elle aurait tort, tandis que dans l'exemple précédent elle resterait dans son droit et continuerait de faire autorité.

En bref, les ministères et leur Conférence font la loi, mais ne font pas la vérité scientifique ou pédagogique. Le travail international ne serait complet à cet égard que si les mêmes questions, discutées par la Conférence, étaient travaillées au préalable ou après coup par des réunions de spécialistes de la pédagogie expérimentale, de la psychologie, etc., qui présenteraient les faits dont ils disposent et les interprétations en leurs convergences et en leur diversité. Un jeu de navette entre la Conférence des officiels et celle des experts aboutirait ainsi à des mises au point beaucoup plus poussées et provoquerait surtout l'établissement d'un inventaire des questions encore ouvertes, dont l'intérêt et l'urgence, soulignés par ce genre d'échanges, conduiraient à multiplier les recherches. Ces recherches sont fréquemment demandées par la Conférence de l'Instruction publique et il faut lui rendre pleine justice à cet égard, mais un dialogue continu et organisé rendrait les plus grands services quant à l'efficacité de ces vœux.

Certes parmi les délégués à la Conférence de l'Instruction publique les grands pays font toujours figurer des experts (à qui nous devons précisément les meilleures des Recommandations), de même que les Conférences de l'Organisation mondiale de la Santé sont formées de représentants qui sont à la fois des médecins et des délégués de leurs Etats respectifs. Mais la différence, malgré tout notable, qui subsiste est que, en toute question de doctrine, le médecin est le représentant d'une science qui fait poids et dont l'autorité s'impose aux ministères et aux Conférences de la Santé, tandis que les étapes de l'éducation, les méthodes, la formation des maîtres (et jusqu'au détail des heures de cours durant toute cette formation, comme si les ministères de la Santé ou même de l'Instruction publiques allaient décider des opérations qu'il faut faire ou ne pas faire pour former un bon chirurgien), etc., sont organisées par voie gouvernementale.

Mais les gouvernements dépendent des parlements et des organes législatifs qui, sous une forme ou sous une autre, représentent l'opinion publique et par conséquent celle des enseignants eux-mêmes. Par contre, sur le plan international, la Conférence de l'Instruction publique ignore ces représentations, sauf sous la forme d'une ingérence, à bon droit critiquée, des Affaires étrangères et de leurs conseillers juridiques ! Ici encore, une lacune est évidente dans la collaboration internationale et, à côté des conférences officielles et de celles des experts, il faudrait prévoir celles des enseignants et de leurs corporations. Or ces corporations ou associations internationales existent et certaines d'entre elles sont représentées par des observateurs aux sessions de la Conférence officielle. Rien ne les empêcherait donc de reprendre les mêmes questions d'une manière systématique et de faire connaître de façon continue et régulière leurs observations. Ce jour-là seulement, par un dialogue à trois interlocuteurs représentant les courants scientifiques, les autorités et les acteurs réels, on pourra parler d'une collaboration internationale un peu complète sur le terrain de l'éducation.

8

La formation des maîtres du premier et du second degré

Il n'est pas une des questions que nous ayons abordées en ce tableau de l'éducation et de l'instruction depuis 1935 qui ne débouche tôt ou tard sur celle de la formation des maîtres. Les plus belles réformes ne peuvent que tourner court si les maîtres ne sont pas à disposition, en qualité et en nombre suffisants. La psychologie de l'enfant peut multiplier les données de faits et nos connaissances sur le mécanisme du développement : ces faits ou ces idées ne rejoindront jamais l'école si les maîtres ne les ont pas incorporés jusqu'à les traduire en réalisations originales. Les exigences de la justice sociale et les besoins économiques de la société peuvent nous imposer une extension des formes de l'enseignement et une mobilité croissante des élèves en leur sein : encore faut-il que les maîtres acceptent la responsabilité considérable des orientations individuelles et comprennent suffisamment la complexité des problèmes pour s'assurer les collaborations utiles. D'une manière générale, plus on cherche à perfectionner l'école, plus la tâche du maître est lourde ; et, meilleures sont les méthodes, plus elles sont difficiles à appliquer.

Or, par une tragique convergence il s'est trouvé en ces dernières années que le renouvellement éducatif général a coïncidé avec une pénurie croissante des maîtres. Cette convergence n'a d'ailleurs rien de fortuit : ce sont les mêmes raisons qui ont rendu l'école inadéquate et qui ont entraîné l'insuffisance de la position sociale et par conséquent économique (mais à titre dérivé) du maître.

Ces raisons sont en un mot que, sous les régimes de gauche comme de droite, l'école a été construite par des conservateurs, du point de vue pédagogique, qui pensaient bien davantage au moule des connaissances traditionnelles dans lequel il fallait façonner les générations montantes qu'à former des intelligences et des esprits inventifs et critiques. Du point de vue des besoins actuels de la société, ce sont ces moules qui ont craqué au profit de systèmes plus larges et plus souples et de méthodes plus actives. Mais du point de vue des maîtres et de leur situation sociale, les conceptions anciennes en faisaient de simples transmetteurs de connaissances communes, élémentaires ou moyennes, sans possibilité d'initiatives et encore moins de découvertes, d'où leur rang subalterne. Et, au moment où s'accomplit sans doute une des révolutions pédagogiques importantes de l'histoire, parce que centrée sur l'enfant et l'adolescent et sur celles de leurs qualités qui seront précisément les plus utiles à la société de demain, les maîtres des diverses écoles n'ont à leur disposition ni une science de l'éducation suffisamment élaborée qui leur permettrait d'œuvrer de façon personnelle pour faire progresser cette discipline, ni la considération solide qui s'attacherait à cette activité à la fois scientifique, pratique et essentielle pour la collectivité : aussi leur position n'exerce-t-elle aucun attrait et leur recrutement devient-il de plus en plus difficile.

C'est donc à tous les points de vue que le problème de la formation des maîtres constitue le problème clef dont la solution commande celle de toutes les questions examinées jusqu'ici. En le réservant pour la fin de cet exposé, l'examen des solutions données ou proposées servira donc de conclusion à l'ensemble des analyses qui précèdent.

La formation du personnel enseignant primaire.

Trois sortes de systèmes sont utilisés dans les différents pays pour la formation des maîtres primaires : les écoles normales (avec ou sans internats), les instituts pédagogiques de type intermédiaire et les instituts universitaires ou facultés de pédagogie. La tendance, au cours de ces dernières années, a été nettement de hausser le niveau de cette préparation et la Conférence de l'Instruction publique en sa délibération de 1953 concluait déjà que « la formation des maîtres primaires dans un établissement de niveau supérieur » constitue « un idéal dont il faut chercher à se rapprocher de plus en plus » (*R.* 36, article 10).

Les inconvénients reprochés aux écoles normales sont de deux sortes. Le premier est d'enfermer le corps enseignant primaire en vase clos, c'est-à-dire de créer un corps social fermé, légitimement conscient de ses mérites mais exposé à une sorte de sentiment d'infériorité collectif et systématique, qui est entretenu pour les raisons qu'on a vues. Chacun connaît ce phénomène qui est un véritable artefact social et qui est devenu l'un des principaux obstacles au recrutement (malgré les améliorations de traitements) et un frein à l'épanouissement de l'école. En second lieu, le fait de fournir au sein de l'école normale elle-même les connaissances indispensables à l'enseignement ultérieur des maîtres revient à limiter la culture, qu'on le veuille ou non, faute des échanges nécessaires avec les courants d'études conduisant à d'autres professions. En particulier la préparation psychologique, si indispensable aux maîtres primaires dont l'enseignement est, à ce point de vue, nettement plus complexe et difficile qu'un enseignement secondaire, ne peut se réaliser efficacement qu'en liaison avec des foyers de recherches universitaires, où l'on voit de près les spécialistes à l'œuvre. On n'apprend réellement la psychologie de l'enfant qu'en collaborant à des recherches nouvelles et en participant à des expériences sans se contenter d'exercices ou de travaux pratiques ne portant que sur des résultats connus : or tout cela ne se trouve qu'à l'université, seul milieu où les maîtres d'école peuvent apprendre à devenir des chercheurs et à dépasser le niveau de simples transmetteurs. Et il en est également ainsi de la pédagogie expérimentale elle-même, appelée à devenir la discipline par excellence des maîtres d'école, dont l'activité spécifique atteindrait un caractère scientifique s'ils étaient suffisamment formés : mais cette formation est indissociable d'une psychologie et d'une sociologie de niveau élevé.

Les Instituts pédagogiques de type intermédiaire tentent de remédier à ces défauts, en prévoyant une formation en deux étapes : une formation générale de niveau secondaire, acquise au préalable dans les établissements ordinaires, et une formation spécialisée, propre à ces Instituts. Le progrès est évident en ce sens que tout l'accent peut être mis ainsi sur la préparation psycho-pédagogique. Mais l'inconvénient subsiste d'une séparation du corps social des futurs maîtres d'école primaires par rapport aux maîtres secondaires et surtout par rapport à l'ensemble des étudiants d'université se consacrant à des branches où l'acquisition du savoir ne fait qu'un avec l'initiation aux méthodes de recherche. Le seul fait de dissocier de l'université des écoles professionnelles où l'on apprend simplement à enseigner des matières élémentaires, tandis que les dentistes, les pharmaciens et bien d'autres, y compris surtout les futurs maîtres secondaires, sont appelés à se préparer sur les bancs des Facultés semblent indiquer et que cette formation professionnelle du maître primaire est d'un autre rang et qu'il s'agit précisément sans plus d'une formation professionnelle un peu fermée par opposition à l'initiation aux disciplines susceptibles de renouvellement et d'approfondissement indéfinis. Le problème est d'autant plus réel qu'en plusieurs pays on distingue encore entre « Instituts pédagogiques » et « Ecoles pédagogiques », celles-ci étant consacrées à la préparation des maîtres de classes élémentaires.

Il convient à cet égard de soulever une question d'ordre général avant d'examiner les systèmes de formation pédagogique à l'université. Au nom de quel critère un enseignement élémentaire est-il jugé plus facile qu'un enseignement dans les classes primaires supérieures et celui-ci plus facile qu'un enseignement secondaire ? La seule considération qui justifie cette hiérarchie est, bien entendu, celle des matières à enseigner, mais envisagées du seul point de vue du niveau des connaissances elles-mêmes, indépendamment de leur plus ou moins grande facilité d'assimilation par les élèves. Deux problèmes préalables se posent alors aussitôt. Le premier est d'établir s'il est effectivement plus aisé de faire saisir une structure élémentaire, mettons de calcul ou de langage, à un jeune enfant de 7 à 9 ans que de faire assimiler une structure plus compliquée à un adolescent. Or, rien ne prouve que la seconde structure, qui, du point de vue de la science ou de l'adulte lui-même, est effectivement plus complexe, soit plus difficile à transmettre, ne serait-ce que parce que l'adolescent est précisément plus proche, quant à son organisation mentale, des habitudes de penser et de parler de l'adulte. Le second problème est de savoir si pour la suite du développement intellectuel de l'élève une bonne assimilation de la structure en jeu (par opposition à une assimilation approximative et plus ou moins verbale) est plus importante s'il s'agit de structures d'un niveau supérieur ou d'un niveau élémentaire, celles-ci conditionnant en fait toute la vie scolaire ultérieure, tandis que celles-là peuvent donner lieu à des suppléances ou des autocorrections selon le niveau de l'élève.

De ce double point de vue des difficultés d'assimilation et de l'importance extérieure des notions, il est, en fait, permis de penser, si l'on se place à un point de vue psychologique et même épistémologique plus qu'à celui du sens commun administratif, que plus l'écolier est jeune et plus l'enseignement est difficile ainsi que gros de conséquences pour l'avenir. C'est pourquoi l'une des expériences les plus intéressantes qui aient été tentées dans le domaine de la formation des maîtres est celle qu'a dirigée pendant des années à Edimbourg le grand psychologue Godfrey Thomson à la tête de la Murray House ou Département de pédagogie de l'Université : les futurs maîtres, une fois instruits (au niveau du second degré et dans les Facultés) quant à l'ensemble des matières qu'ils comptaient enseigner, recevaient à Murray House une formation proprement psychologique et didactique et c'est à la fin seulement de cette formation pédagogique spécialisée qu'ils choisissaient le niveau scolaire auquel ils pensaient se rattacher. En d'autres termes, les futurs maîtres primaires et secondaires se préparaient ensemble, en ces années finales d'initiation éducative, sans décider d'emblée s'ils appartiendraient à l'une ou l'autre de ces catégories, d'où le double avantage d'une suppression des complexes d'infériorité ou de supériorité et d'une préparation centrée sur les besoins de l'élève plus que sur les avantages de carrière (ceux-ci devenant égaux).

Sans prétendre généraliser un tel idéal, dont on n'aperçoit que trop les incidences budgétaires, il nous conduit tout au moins à examiner les diverses tentatives faites ou projetées de préparation des maîtres primaires à l'université. Il convient d'ailleurs à cet égard de ne pas se payer de mots et de préciser en chaque cas particulier de quel niveau universitaire il s'agit. Bien des « Teachers College » américains ne sont en fait, à un tel point de vue, que des « Instituts pédagogiques » au sens discuté plus haut, autrement dit ouverts à des « undergraduates » qui n'iront pas loin dans la recherche. Mais en d'autres cas on a tenté une intégration réelle du futur maître dans la vie universitaire, et c'est ce que préconise, par exemple, le rapport Parent au Canada français pour les réformes de demain.

L'expérience faite à Genève au cours de ces dernières années est instructive au double point de vue de ses lacunes et de ses réussites. Le principe en est que le futur maître primaire commence par acquérir le baccalauréat, sa formation spécialisée se distribuant ensuite sur trois ans. Durant la première les candidats font des stages pratiques, de manière à prendre conscience des problèmes et, durant la troisième année, ils retournent à la pratique. La seconde année, par contre, se passe à l'Université où les candidats suivent les cours de psychologie (Faculté des Sciences), de pédagogie (Lettres) et les cours spéciaux à l'Institut des Sciences de l'Education (Institut J.-J. Rousseau) à la suite desquels ils passent les examens du certificat (trois écrits et quatre oraux).

Les lacunes du système sont que le passage par l'Université est assurément trop court pour permettre une intégration suffisante. De plus le choix des branches à option est imposé au lieu de rester libre et les candidats reçoivent déjà un traitement, ce qui contribue encore à les différencier de l'ensemble des étudiants. Par contre, l'initiation reçue suffit à intéresser les meilleurs et certains continuent dans la suite (c'est-à-dire une fois nommés instituteurs) à poursuivre leurs études en marge de leur activité professionnelle, jusqu'à l'acquisition de diplômes, de la licence en pédagogie ou en psychologie et éventuellement jusqu'au doctorat (l'Institut inter-facultés délivre tous ces titres).

Mais le point essentiel est l'initiation à la psychologie du développement, et cette question générale déborde le cadre de cet exemple. Chacun s'accorde à admettre (et cela dans tous les systèmes, y compris les Ecoles normales) que la préparation des maîtres suppose une formation psychologique. Mais les procédés de l'école active sont encore si peu entrés dans les mœurs, en ce qui concerne les étudiants eux-mêmes, qu'on réduit souvent cette formation à un ensemble de cours et d'examens, les travaux pratiques se réduisant à l'application de quelques tests. Or en psychologie encore moins qu'ailleurs, on ne comprend réellement les faits et les interprétations qu'en s'adonnant soi-même à une recherche. C'est naturellement ce qui est le plus difficile à organiser, surtout pour des débutants. Dans le cas particulier de notre exemple, le problème est résolu de la façon suivante. L'Institut poursuit des recherches planifiées d'année en année par les professeurs et conduites par les assistants qui, chaque après-midi, interrogent des enfants dans des locaux mis à disposition en chaque école. A ces recherches sont alors associés des étudiants par groupes de deux ou au maximum trois, qui apprennent à noter les faits, à interroger et qui surtout font des rapports périodiques les associant à la marche de la recherche en ses avatars comme en ses succès. C'est à cette collaboration croissante que sont conviés les futurs maîtres et c'est ce contact avec les faits progressivement dégagés et élaborés qui constitue leur formation essentielle : formation intellectuelle en leur faisant comprendre la complexité des questions (tandis que les cours ne portent que sur les questions résolues qui paraissent alors bien plus simples qu'elles ne le sont en réalité) et formation morale ou sociale, donnant à l'éducateur la conviction que sa discipline comporte un champ indéfini d'approfondissements théoriques et de perfectionnement technique. En un mot, c'est dans et par la recherche que le métier de maître cesse d'être un simple métier et dépasse même le niveau d'une vocation affective pour acquérir la dignité de toute profession relevant à la fois de l'art et de la science, car les sciences de l'enfant et de sa formation constituent plus que jamais des domaines inépuisables.

La formation du personnel enseignant secondaire.

Dans la plupart des pays les maîtres de l'enseignement secondaire sont formés dans les Facultés où ils acquièrent au *minimum* une licence. Ils sont donc accoutumés à la recherche, du moins dans les disciplines qu'ils auront à enseigner, de telle sorte que, s'ils sont animés du feu sacré pour ces branches elles-mêmes, ils doivent pouvoir discerner en leurs élèves les futurs chercheurs et les préparer à de telles tâches autant qu'à assimiler le savoir déjà acquis. Mais il arrive que plus le professeur du second degré est dominé par la branche qu'il enseigne et moins il s'intéresse à la pédagogie comme telle. Ou plutôt, la pédagogie étant, en tant qu'application, un art autant qu'une science, le maître qui a le don de l'enseignement et du contact éducatif est porté à supposer qu'un tel don suffit à tout et qu'une connaissance détaillée des mécanismes mentaux est bonne pour les maîtres primaires ayant à travailler avec de jeunes élèves, tandis qu'au niveau de l'adolescence de telles analyses psychologiques n'ajoutent rien à l'expérience quotidienne d'un bon maître connaissant individuellement ses élèves.

Un petit exemple montrera ce qu'il en peut résulter. Les mathématiques modernes reposent entre autres sur la théorie des ensembles et un enseignement renouvelé de cette branche part aujourd'hui de l'initiation aux opérations élémentaires de la réunion et de l'intersection de deux ensembles : projet d'autant plus raisonnable que l'enfant utilise spontanément de telles opérations dès le niveau des opérations concrètes. Or, un professeur de mathématiques du second degré s'étonnait de la difficulté de ses élèves à manipuler sans erreurs de telles opérations à 12-13 ans alors qu'il en avait pourtant fourni la définition formelle de manière irréprochable. Il oubliait ainsi simplement la différence psychologique fondamentale qui existe entre la capacité d'utiliser spontanément et inconsciemment une opération et le pouvoir de réfléchir sur elle pour en tirer une formation abstraite. Une analyse psychologique des conditions de passage entre ces deux niveaux de pensée eût simplifié considérablement le problème de présentation, et, faute de s'en douter, on rencontre aujourd'hui sans cesse d'excellents maîtres qui enseignent les mathématiques les plus modernes en débutant par les procédés pédagogiques les moins à jour.

Ce n'est donc pas sans raison que la Conférence internationale de l'Instruction publique, s'occupant en sa session de 1954 de la formation du personnel enseignant secondaire, a insisté sur la nécessité d'une initiation psychologique à la hauteur de la préparation portant sur les branches mêmes à enseigner. Or cette formation psycho-pédagogique est beaucoup plus difficile à obtenir des maîtres de ce niveau que de ceux du premier degré et les raisons indiquées opposent souvent une barrière infranchissable aux essais les mieux intentionnés. La difficulté réside avant tout en ceci que pour comprendre la psychologie des fonctions mentales de l'adolescent, il est indispensable de dominer la totalité du développement, du jeune enfant à l'âge adulte, et que les futurs maîtres secondaires commencent par se désintéresser totalement de l'enfance, avant de saisir en quoi l'analyse de l'ensemble des processus formateurs éclaire ceux qui sont propres à l'adolescence.

Les deux procédés qui ont le mieux réussi jusqu'ici à faire accepter une telle formation aux intéressés eux-mêmes ont été les suivants, du moins en ce qui concerne les futurs maîtres de science. L'un consiste naturellement à les associer à des recherches psycho-pédagogiques portant sur telle ou telle structure logico-mathématique ou telle ou telle situation de causalité physique : le caractère souvent complètement imprévu des sujets de divers âges suffit souvent à faire comprendre qu'il y a là des problèmes dont l'éducateur a tout profit à prendre une connaissance détaillée. L'autre procédé concerne la préparation théorique. Il arrive souvent que de futurs maîtres de science éprouvent un mépris non dissimulé pour la psychologie du développement jusqu'au moment où l'on parvient à leur faire saisir la portée épistémologique des lois de ce développement. Une fois, par contre, les problèmes d'acquisition des connaissances posés en termes de relations entre le sujet et l'objet, en termes autrement dit d'interprétations empiristes, aprioristes ou constructivistes, etc., ils retrouvent une liaison avec certains des problèmes centraux de leur branche spécialisée et aperçoivent l'intérêt de recherches dont la simple présentation pédagogique les laissait insensibles.

Quant aux futurs maîtres de lettres, l'état des

recherches permet moins de tels contacts. Mais avec le progrès des analyses linguistiques portant sur l'évolution individuelle du langage, elles sont déjà prometteuses, tant du point de vue du structuralisme linguistique lui-même qu'à celui des relations entre la fonction sémiotique et la pensée. Ici encore le champ de recherches est immense et il n'est pas de doute qu'un jour viendra où les sciences de l'éducation, bénéficiant de tous ces apports, mettront au point des techniques autrement affinées qu'aujourd'hui et entraîneront par le fait même une préparation plus poussée du corps enseignant et surtout sa collaboration active à l'édification sans cesse renouvelée de telles disciplines.

Deuxième partie

LES MÉTHODES NOUVELLES. LEURS BASES PSYCHOLOGIQUES

Comment définir les méthodes nouvelles d'éducation et à partir de quand dater leur apparition ? Eduquer, c'est adapter l'enfant au milieu social adulte, c'est-à-dire transformer la constitution psycho-biologique de l'individu en fonction de l'ensemble des réalités collectives auxquelles la conscience commune attribue quelque valeur. Donc, deux termes dans la relation que constitue l'éducation : d'une part, l'individu en croissance ; de l'autre, les valeurs sociales, intellectuelles et morales auxquelles l'éducateur est chargé de l'initier. L'adulte, percevant le rapport selon sa perspective propre, a commencé par ne songer qu'à ces dernières et par concevoir l'éducation comme une simple transmission des valeurs collectives de génération en génération. Et, par ignorance ou à cause même de cette opposition entre l'état de nature, caractéristique de l'individu, et les normes de la socialisation, l'éducateur s'est préoccupé d'abord des fins de l'éducation plus que de sa technique, de l'homme fait plus que de l'enfant et des lois de son développement.

Ainsi a-t-il été conduit, implicitement ou explicitement, à considérer l'enfant soit comme un petit homme à instruire, moraliser et identifier le plus rapidement possible à ses modèles adultes, soit comme le support de péchés originels variés, c'est-à-dire comme une matière résistante qu'il s'agit de redresser plus encore que d'informer. De ce point de vue procède toujours la majeure partie de nos procédés pédagogiques. Il définit les méthodes « anciennes » ou « traditionnelles » d'éducation. Les méthodes nouvelles sont celles qui tiennent compte de la nature propre de l'enfant et font appel aux lois de la constitution psychologique de l'individu et à celles de son développement. *Passivité ou activité.*

Encore faut-il s'entendre. La mémoire, l'obéissance passive, l'imitation de l'adulte et, d'une manière générale, les facteurs de réception sont aussi naturels à l'enfant que l'activité spontanée. Or, on ne saurait dire que les méthodes anciennes, si anti-psychologiques soient-elles parfois, aient entièrement négligé l'observation de l'enfant, à cet égard. Entre les deux pédagogies, le critère est donc à chercher, non dans l'utilisation de tel ou tel trait de la mentalité puérile, mais dans la conception d'ensemble que l'éducateur, dans chaque cas, se fait de l'enfant.

L'enfance est-elle un mal nécessaire ou bien les caractères de la mentalité enfantine ont-ils une signification fonctionnelle définissant une activité vraie ? Suivant la réponse donnée à cette question fondamentale, le rapport entre la société adulte et l'enfant à éduquer sera conçu comme unilatéral ou comme réciproque. Dans le premier cas, l'enfant est appelé à recevoir du dehors les produits tout élaborés du savoir et de la moralité adultes ; la relation éducative est faite de pression d'une part, de réception de l'autre. D'un tel point de vue, les travaux d'élèves, même les plus individuels (rédiger une composition, faire une version, résoudre un problème), participent moins de l'activité réelle de la recherche spontanée et personnelle que de l'exercice imposé ou de la copie d'un modèle extérieur ; la morale la plus intime de l'élève reste plus pénétrée d'obéissance que d'autonomie. Dans la mesure au contraire où l'enfance est considérée comme douée d'une activité véritable et où le développement de l'esprit est compris dans son dynamisme, le rapport entre les sujets à éduquer et la société devient réciproque : l'enfant tend à se rapprocher de l'état d'homme non plus en recevant toutes préparées la raison et les règles de l'action bonne, mais en les conquérant par son effort et son expérience personnels ; en retour, la société attend des nouvelles générations mieux qu'une imitation : un enrichissement.

1

La genèse des méthodes nouvelles

Les précurseurs.

Si les méthodes nouvelles d'éducation se définissent ainsi par l'activité vraie qu'elles postulent chez l'enfant et par le caractère réciproque du rapport qu'elles établissent entre les sujets éduqués et la société à laquelle elle les destine, rien n'est moins nouveau que de tels systèmes. Presque tous les grands théoriciens de l'histoire de la pédagogie ont entrevu l'un ou l'autre des aspects multiples de nos conceptions.

Que la maïeutique de Socrate soit un appel à l'activité de l'élève plus qu'à sa docilité, voilà qui est évident, et aussi que la réaction de Rabelais et de Montaigne contre l'éducation verbale et la discipline inhumaine du XVIe siècle ait abouti à de fines intuitions psychologiques : vrai rôle de l'intérêt, observation indispensable de la nature, nécessité d'une initiation à la vie pratique, opposition entre la compréhension personnelle et la mémoire (« Savoir par cœur n'est pas savoir »), etc. Mais Claparède l'a montré en un article connu de la

Revue de métaphysique et de morale (mai 1912). Ces remarques, et de même celles de Fénelon, Locke et autres, ne sont que fragmentaires ; chez Rousseau par contre, on trouve une conception d'ensemble dont la valeur étonne d'autant plus aujourd'hui qu'elle n'a été inspirée par aucune expérience scientifique et que son contexte philosophique l'a trop souvent empêchée d'être objectivement jugée.

A cause même de ses convictions sur l'excellence de la nature et la perversion de la société, Rousseau en est venu, par cette voie imprévue, à l'idée que l'enfance est peut-être utile, puisque naturelle, et le développement mental peut-être réglé par des lois constantes. L'éducation devrait donc utiliser ce mécanisme au lieu d'en contrarier la marche. D'où une pédagogie poussée dans le raffinement du détail ; on peut y apercevoir soit l'anticipation géniale des « méthodes nouvelles » d'éducation, soit une simple chimère, suivant que l'on néglige les a priori philosophiques de Jean-Jacques ou qu'accédant à son désir, on les considère comme nécessairement liés à ses thèses sociologiques.

En fait, impossible, en lisant l'*Emile*, de faire complètement abstraction de la métaphysique rousseauiste : en quoi Jean-Jacques est un précurseur un peu compromettant. Mais justement, cette remarque nous fait comprendre la vraie nouveauté des méthodes du XXe siècle, par opposition aux systèmes des théoriciens classiques. Sans doute Rousseau a-t-il entrevu que « chaque âge a ses ressorts », que « l'enfant a des manières de voir, de penser et de sentir qui lui sont propres » ; sans doute a-t-il éloquemment démontré qu'on n'apprend rien, sinon par une conquête active, et que l'élève doit réinventer la science, au lieu d'en répéter les formules verbales ; c'est même lui qui a donné ce conseil, pour lequel il lui sera beaucoup pardonné : « Commencez par étudier vos élèves, car assurément vous ne les connaissez point. » Mais cette intuition continue de la réalité du développement mental n'est encore chez lui qu'une croyance sociologique, voire un instrument polémique ; s'il avait étudié lui-même les lois de cette maturation psychologique dont il postule sans cesse l'existence, il n'aurait pas dissocié l'évolution individuelle du milieu social. Les notions de la signification fonctionnelle de l'enfance, des étapes du développement intellectuel et moral, de l'intérêt et de l'activité vraie, sont déjà chez lui mais elles n'ont inspiré réellement les « méthodes nouvelles » qu'à partir du moment où elles ont été retrouvées, sur le plan de l'observation objective et de l'expérience, par des auteurs plus soucieux de vérité sereine et de contrôle sytématique.

Parmi les continuateurs de Rousseau, deux au moins sont parvenus à réaliser certaines de ses idées dans le champ de l'école même. Ils peuvent à cet égard être considérés comme les véritables précurseurs des méthodes nouvelles. C'est Pestalozzi, disciple de Jean-Jacques (1746-1827), et Fröbel, disciple de Pestalozzi (1782-1852).

Les visiteurs de l'Institut d'Yverdon sont frappés par l'activité spontanée des élèves, par le caractère des maîtres (camarades aînés et entraîneurs bien plus que chefs), par l'esprit expérimental de l'école, dans laquelle sont notées des observations journalières sur les progrès du développement psychologique des élèves et sur la réussite ou l'échec des techniques pédagogiques employées. Grâce à cet esprit même, Pestalozzi corrige d'emblée Rousseau sur un point capital : l'école est une vraie société, dans laquelle le sens des responsabilités et les normes de la coopération suffisent à éduquer l'enfant sans qu'il soit besoin, pour éviter les contraintes nuisibles ou ce que l'émulation comporte de dangereux, d'isoler l'élève en son individualisme. Bien plus, le facteur social intervient sur le plan de l'éducation intellectuelle aussi bien que dans le domaine moral. Comme Bell et Lancaster, Pestalozzi avait organisé une sorte d'enseignement mutuel tel que les écoliers s'aidaient les uns les autres dans leurs recherches.

Mais si l'esprit de l'école active inspirait ainsi avant la lettre des méthodes de Pestalozzi, les différences entre le détail de ses conceptions et les procédés modernes de l'éducation nouvelle n'en sont que plus frappantes. Ce qui a manqué au rousseauisme pour parvenir à constituer une pédagogie scientifique, c'est une psychologie du développement mental. Rousseau répétait sans doute que l'enfant est différent de l'adulte et que chaque âge a ses caractères propres ; sa croyance en la constance des lois de l'évolution psychique était même si grande qu'elle lui a inspiré sa fameuse formule de l'éducation négative ou de l'inutile intervention du maître ; mais que sont pour Jean-Jacques ces caractères spéciaux de l'enfance et ces lois de développement ? A part ses remarques pénétrantes sur l'utilité de l'exercice et de la recherche tâtonnante et sur la nécessité biologique de l'enfance, les différences qu'il établit entre celle-ci et l'âge adulte sont d'ordre essentiellement négatif : l'enfant ignore la raison, le sentiment du devoir, etc. Aussi les étapes de l'évolution mentale qu'il a établies (on a voulu y voir l'analogue des théories modernes des stades) consistent-elles simplement à fixer, non sans arbitraire, la date d'apparition des principales fonctions ou des manifestations les plus importantes de la vie de l'esprit : à tel âge la nécessité, à tel âge l'intérêt, à tel âge la raison.

Donc, rien d'une embryologie réelle de l'intelligence et de la conscience, montrant comment les fonctions se transforment qualitativement au cours du dynamisme continu de leur élaboration. Aussi Pestalozzi qui constatait, comme chacun, les germes de la raison et des sentiments moraux dès les âges les plus tendres en est-il revenu (à part les idées fécondes sur l'intérêt, l'exercice et l'activité) aux notions courantes de l'enfant contenant en lui tout l'adulte et du préformisme mental. Voilà pourquoi, à côté d'étonnantes réalisations dans le sens de l'école active contemporaine, les instituts de Pestalozzi présentent tant de caractères désuets. Par exemple, Pestalozzi était pénétré de la nécessité de procéder du simple au complexe dans toutes les branches de l'enseignement ; or, chacun sait actuellement combien la notion du simple est relative à certaines mentalités adultes et combien l'enfant débute par le global et l'indifférencié.

D'une manière générale, Pestalozzi était affecté d'un certain formalisme systématique, qui se marquait dans ses horaires, dans sa classification des matières à enseigner, dans ses exercices de gymnastique intellectuelle, dans sa manie des démonstrations ; l'abus qu'il en faisait montre assez combien il tenait peu compte, dans le détail, du développement réel de l'esprit.

Avec Fröbel (1782-1852), le contraste est peut-être encore plus grand entre l'idée d'activité et ses réalisations. D'une part, l'idéal rousseauiste d'un épanouissement spontané de l'enfant dans la liberté, parmi les choses et non parmi les livres, dans l'action et la manipulation motrice et, surtout, au milieu d'une atmosphère sereine, sans contrainte ni laideur. Mais, d'autre part, aucune notion positive sur le développement mental lui-même. S'il a compris d'intuition la signification fonctionnelle du jeu et spécialement de l'exercice sensori-moteur, Fröbel croit à une étape sensorielle de l'évolution individuelle : comme si la perception n'était pas elle-même un produit, déjà fort complexe, de l'intelligence pratique et l'éducation des sens à situer dans une activation de l'intelligence entière. Bien plus, le matériel préparé par Fröbel – les fameuses sept séries d'exercices –, tout en marquant un progrès évident dans le sens de l'activité, faussait d'emblée la notion même de cette activité en empêchant la création véritable et en remplaçant la recherche concrète, liée aux besoins réels de la vie de l'enfant, par un formalisme du travail manuel.

D'une manière générale, on le voit : si l'idéal

d'activité et les principes des méthodes nouvelles d'éducation peuvent être retrouvés sans peine chez les grands classiques de la pédagogie, une différence essentielle les sépare de nous. Malgré leur connaissance intuitive ou pratique de l'enfance, ils n'ont pas constitué la psychologie nécessaire à l'élaboration de techniques éducatives vraiment adaptées aux lois du développement mental. Les méthodes nouvelles ne devaient se constituer réellement qu'avec l'élaboration d'une psychologie ou d'une psycho-sociologie systématique de l'enfance ; c'est bien de la fondation de cette dernière qu'il faut dater leur apparition.

Mais une réserve est encore nécessaire. Durant le XIXe, plusieurs systèmes pédagogiques ont été basés sur la psychologie sans pour autant ressortir à ce qu'on appelle aujourd'hui les « méthodes nouvelles ». Inutile de chercher ici à être complet et, en particulier, de discuter les idées de Spencer : mais une mention de Herbart paraît indispensable. Comme il a donné le fâcheux modèle d'une pédagogie inspirée par une psychologie non encore génétique, la discussion de son œuvre servira à montrer ce que les récents travaux sur la psychologie de l'enfant ont apporté de neuf à la pédagogie.

Pour la première fois sans doute dans l'histoire des idées pédagogiques, Herbart (1776-1841) a tenté, d'une manière entièrement lucide et explicite, d'ajuster les techniques éducatives aux lois de la psychologie. Tout le monde connaît les sages préceptes qu'il a transmis à des générations de maîtres et l'agencement systématique de formules pratiques qu'il a su codifier pour la plus grande joie des doctrinaires. La vie psychique entière consiste pour lui en une sorte de mécanisme des représentations, qui supprime l'intelligence en tant qu'activité, au profit d'une statique et d'une dynamique des idées comme telles, et qui dérive en dernier ressort de la tendance de l'âme à se conserver elle-même ; dès lors, le problème pédagogique essentiel est de savoir comment présenter les matières pour qu'elles soient assimilées et retenues ; le processus de l'aperception qui permet de ramener l'inconnu au connu fournit la clef du système ; si Herbart souligne la nécessité de tenir compte des périodes du développement, de l'individualité des élèves ou surtout de l'intérêt – ce facteur décisif des méthodes actuelles – ce n'est qu'en fonction de cette mécanique des représentations : l'intérêt, c'est le résultat de l'aperception ; les stades d'âge et les types individuels en constituent les différentes modalités.

Or, Herbart a-t-il transformé l'école ? Non : aucune institution comparable aux classes Montessori, aux écoles Decroly, etc., ne peuvent se réclamer de lui. Pourquoi ? C'est que sa psychologie est essentiellement une doctrine de la réceptivité et des éléments de conservation que comporte l'esprit. Herbart n'a pas su élaborer une théorie de l'activité en conciliant le point de vue biologique du développement avec l'analyse de cette construction continue qu'est l'intelligence.

Méthodes nouvelles et psychologie.

Nous voici donc en mesure de situer et d'expliquer l'apparition des méthodes nouvelles d'éducation propres à l'époque contemporaine. Adapter l'école à l'enfant, tout le monde l'a toujours demandé. Ajouter que l'enfant est doué d'une activité véritable et que l'éducation ne saurait réussir sans l'utiliser et la prolonger réellement, chacun le répète depuis Rousseau, et cette formule aurait fait de lui le Copernic de la pédagogie s'il avait précisé en quoi consiste ce caractère actif de l'enfance. Fournir une interprétation positive du développement mental et de l'activité psychique, tel était le rôle réservé à la psychologie de ce siècle et à la pédagogie qui en a découlé.

Mais il faut bien s'entendre. La pédagogie moderne n'est nullement sortie de la psychologie de l'enfant à la manière dont les progrès de la technique industrielle sont issus, pas à pas, des découvertes des sciences exactes. C'est bien plus l'esprit général des recherches psychologiques et souvent, aussi, les méthodes mêmes d'observation qui, en passant du champ de la science pure à celui de l'expérimentation scolaire, ont vivifié la pédagogie. Si Dewey, Claparède et Decroly, fondateurs d'écoles et inventeurs de techniques éducatives précises, sont de grands noms en psychologie, la doctoresse Montessori s'est bornée à de sérieuses études anthropologiques et médico-psychologiques sur les enfants anormaux ainsi qu'à une initiation à la psychologie expérimentale, et Kerchensteiner n'est venu à la psychologie qu'en plein cours de sa longue carrière. Mais quel que soit le lien, chez les principaux novateurs, entre la psychologie de l'enfant et leurs idées pédagogiques maîtresses, il est indubitable que c'est le grand courant de la psychologie génétique moderne qui est à la source des méthodes nouvelles.

En effet, un changement radical de point de vue oppose la psychologie contemporaine à celle du XIXe siècle.

Insistant avant tout sur les fonctions de réceptivité et de conservation, cette dernière a tenté d'expliquer l'ensemble de la vie de l'esprit par des éléments essentiellement statiques. Sous sa forme positive et dans ses essais d'intention scientifique, elle a été mécaniste : l'associationnisme sous tous ses aspects, et principalement dans ses prétentions évolutionnistes et génétiques, a tenté de réduire l'activité intellectuelle à des combinaisons d'atomes psychiques inertes (sensations et images) et de trouver le modèle des opérations de l'esprit dans des liaisons proprement passives (habitudes et associations). Sous sa forme philosophique, elle n'a guère mieux fait et s'est bornée à concevoir des facultés toutes constituées pour suppléer à la carence des explications empiristes. Seul Maine de Biran mérite une place à part, mais son insuccès et le fait qu'on ne le découvre vraiment qu'aujourd'hui confirment précisément ce jugement d'ensemble.

Or, la psychologie du XXe siècle a été d'emblée et sur tous les fronts une affirmation et une analyse de l'activité. Voyez William James, Dewey et Baldwin aux Etats-Unis, Bergson en France et Binet après *La Psychologie de l'intelligence*, et Pierre Janet après *L'Automatisme*; voyez Flournoy et Claparède en Suisse, l'école de Würzburg en Allemagne : partout l'idée que la vie de l'esprit est une réalité dynamique, l'intelligence une activité réelle et constructive, la volonté et la personnalité des créations continues et irréductibles. Bref, sur le terrain propre de l'observation scientifique et par la réaction de l'expérience elle-même contre un mécanisme simpliste, c'est l'effort général pour conquérir, par des méthodes qualitatives aussi bien que quantitatives, une vision plus juste de cette construction véritable qu'est le développement de l'esprit.

Comment sont nées les méthodes nouvelles.

Dans cette ambiance sont nées les méthodes nouvelles d'éducation. Elles n'ont point été l'œuvre d'un isolé, qui par déduction aurait tiré de telle recherche spéciale une théorie psycho-pédagogique du développement de l'enfant. Elles se sont imposées sur de nombreux fronts simultanés.

C'est que le changement général des idées sur la personnalité humaine a obligé les esprits ouverts à considérer l'enfance d'une autre manière : non plus (c'était le cas de Rousseau) à cause d'opinions préconçues sur la bonté de l'homme et l'innocence de la nature – mais à cause du fait, nouveau dans l'histoire, que la science, et, plus généralement, les honnêtes gens étaient enfin pourvus d'une méthode et d'un système de notions aptes à rendre compte du développement de la conscience et, singulièrement, du développement de l'âme enfantine. Alors seulement, cette activité vraie, que tous les grands novateurs de la pédagogie avaient rêvé d'introduire à l'école et de laisser s'épanouir chez les élèves selon le processus interne de leur croissance psychique, est devenue un concept intelligible et une réalité susceptible d'être analysée objectivement : les méthodes nouvelles se sont ainsi constituées en même temps que la psychologie de l'enfant et en solidarité étroite avec ses progrès. Il est facile de le montrer.

Aux Etats-Unis, la réaction contre le statisme du XIXe siècle s'est marquée de deux manières. D'une part, les études des pragmatiques ont mis en lumière le rôle de l'action dans la constitution de toutes les opérations mentales, surtout de la pensée ; d'autre part, la science du développement mental ou psychologique génétique a pris, surtout avec Stanley Hall et J. M. Baldwin, une ampleur considérable. Ces deux courants interfèrent précisément en John Dewey qui, en 1896 déjà, créait une école expérimentale où le travail des élèves était centré sur les intérêts ou besoins caractéristiques de chaque âge.

A la même époque, subissant surtout l'influence de l'anthropologiste Joseph Sergi qui cherchait à renouveler la pédagogie par l'étude de l'enfant, Maria Montessori, chargée en Italie de l'éducation d'enfants arriérés, se vouait à l'analyse de ces anormaux. En découvrant que leurs cas étaient d'ordre plus psychologique que médical, elle se trouvait du même coup en présence des questions les plus centrales du développement intellectuel et de la pédagogie des petits. Généralisant avec une maîtrise sans pareille, Mme Montessori a en effet appliqué immédiatement aux normaux ce que lui enseignaient les débiles : durant les stades inférieurs, l'enfant apprend plus par l'action que par la pensée ; un matériel convenable, servant à alimenter cette action, conduit plus rapidement à la connaissance que les meilleurs livres et que le langage lui-même. Ainsi, des observations bien prises par une assistante de psychiatrie sur le mécanisme mental des arriérés ont été le point de départ d'une méthode générale dont les répercussions dans le monde entier ont été incalculables.

Or, un autre médecin, également informé des problèmes psychologiques, étudiait à la même époque à Bruxelles les anormaux et en tirait lui aussi toute une pédagogie. C'est en effet de l'analyse psychique des arriérés que Decroly a tiré sa célèbre méthode globale pour l'apprentissage de la lecture, du calcul, etc., et sa doctrine générale des centres d'intérêt et du travail actif. Rien de plus intéressant que ce synchronisme des découvertes de Dewey, Montessori et Decroly. Il montre combien les idées de travail fondé sur l'intérêt et d'activité préparant la pensée étaient en germe dans toute la psychologie (la psychologie biologique surtout) de cette fin du XXe siècle.

Là, si les choses sont plus complexes, elles ne sont pas moins claires du point de vue de l'influence des idées psychologiques. L'école active s'est bien greffée, en pays allemands, sur une foule d'institutions de préparation professionnelle qui habituaient les esprits à l'utilisation du travail manuel et de la recherche pratique comme compléments indispensables de l'enseignement théorique. Mais comment a-t-on passé de cette phase qui est sans parenté directe avec l'école active à la période décisive durant laquelle l'activité libre est mise au centre de l'éducation ? Il est évident que le travail manuel n'a rien en lui-même d'actif s'il n'est pas inspiré par la recherche spontanée des élèves mais par les seules directions du maître, et que, même chez les petits, l'activité – au sens d'effort fondé sur l'intérêt – peut être aussi bien réflexive et purement gnostique que pratique et manuelle. Si l'usage des travaux manuels a donc facilité en Allemagne la découverte des méthodes actives, il est loin de l'expliquer.

Le passage s'est opéré surtout chez Kerchensteiner, lorsqu'en 1895, jeune maître de sciences, il s'est consacré à la réflexion pédagogique pour réorganiser les écoles de Munich. Utilisant l'ensemble des travaux de la psychologie allemande et surtout de la psychologie de l'enfant (lui-même a publié, en 1906, les résultats d'une vaste enquête sur le dessin qu'il a conduite en personne sur des milliers d'écoliers bavarois), il est parvenu à son idée centrale : l'école a pour but de développer la spontanéité de l'élève. C'est l'idée de l'*Arbeitschule* que P. Bovet a traduit par « l'école active ». De plus, qu'on lise Meumann, Lavy, Mesmer : on se convaincra qu'en Allemagne comme ailleurs les méthodes nouvelles se sont développées en étroite connexion avec la psychologie ; les recherches sur le développement de l'enfant, les études sur la volonté et l'acte de la pensée, les analyses de la perception – tout a été utilisé par les novateurs allemands.

C'est en Suisse cependant que la fameuse théorie de Karl Groos – le jeu est un exercice préparatoire : il présente donc une signification fonctionnelle – a trouvé sa première application pédagogique. C'est en effet à Claparède, qui dès ses premiers travaux avait réagi contre l'associationnisme et défendu un point de vue dynamique et fonctionnel, que l'on doit d'avoir compris l'importance de la doctrine de Groos pour l'éducation. D'où les méthodes d'enseignement et les jeux éducatifs développés à la Maison des Petits de Genève, ainsi que le mouvement dirigé par lui – avant et depuis la création de l'Institut J.-J. Rousseau – en faveur d'une étude simultanée de l'enfance et des techniques éducatives : *discat a puero magister*, telle est la devise de l'institution qu'il a fondée avec P. Bovet.

Impossible de terminer ces brèves indications sans rappeler la grande importance qu'eut au début du siècle l'œuvre d'un des plus originaux parmi les psychologues de l'enfance, Alfred Binet. S'il n'a pas déclenché en France même de mouvement pédagogique localisé et caractéristique – peut-être parce qu'il n'a jamais voulu enseigner lui-même –, ses recherches ont eu les plus grandes répercussions, directes et indirectes. En particulier sa réalisation pratique des tests a entraîné d'innombrables travaux sur la mesure du développement mental et des aptitudes individuelles ; si les tests n'ont pas donné tout ce qu'on en attendait, les problèmes soulevés par eux ont dépassé en intérêt ce que l'on pouvait prévoir au début de leur emploi : ou bien on trouvera un jour de bons tests, ou bien les tests resteront dans l'histoire le type de l'erreur féconde. En outre, par sa théorie de l'intelligence et son livre : *Les Idées modernes sur les enfants,* Binet a rendu bien d'autres services à l'éducation nouvelle.

2

Principes d'éducation et données psychologiques

Eduquer, c'est adapter l'individu au milieu social ambiant. Mais les méthodes nouvelles cherchent à favoriser cette adaptation en utilisant les tendances propres à l'enfance ainsi que l'activité spontanée inhérente au développement mental, et cela, dans l'idée que la société elle-même en sera enrichie. L'éducation nouvelle ne saurait donc être comprise dans ses procédés et ses applications que si l'on prend soin d'analyser en détail ses principes et d'en contrôler la valeur psychologique sur quatre points au moins : la signification de l'enfance, la structure de la pensée de l'enfant, les lois de développement et le mécanisme de la vie sociale enfantine.

L'école traditionnelle impose à l'élève son travail : elle le « fait travailler ». Sans doute l'enfant peut-il mettre à ce travail une part plus ou moins grande d'intérêt et d'effort personnel et, dans la mesure où le maître est bon pédagogue, la collaboration entre ses élèves et lui laisse-t-elle une marge appréciable à l'activité vraie. Mais, dans la logique du système, l'activité intellectuelle et morale de l'élève demeure hétéronome parce que liée à la contrainte continue du maître, susceptible d'ailleurs, soit de demeurer inconsciente, soit d'être acceptée de plein gré. Au contraire, l'école nouvelle fait appel à l'activité réelle, au travail spontané, fondé sur le besoin et l'intérêt personnel. Cela ne signifie pas, comme le dit fort bien Claparède, que l'éducation active demande que les enfants fassent tout ce qu'ils veulent ; « elle réclame surtout qu'ils veuillent tout ce qu'ils font ; qu'ils agissent, non qu'ils soient agis ». (*L'Education fonctionnelle*, p. 252.) Le besoin, l'intérêt résultant du besoin, « voilà le facteur qui fera d'une réaction un acte véritable » (p. 195). La loi de l'intérêt est donc « le pivot unique autour duquel doit tourner tout le système » (p. 197).

Or, une telle conception implique une notion précise de la signification de l'enfance et de ses activités. Car, à répéter avec Dewey et Claparède que le travail obligé est une anomalie antipsychologique et que toute activité féconde suppose un intérêt, l'on s'expose à paraître redire simplement ce que les grands classiques ont si souvent affirmé ; d'autre part, à prêter à l'enfant la possibilité d'un travail personnel durable, on postule précisément ce qu'il s'agit de démontrer. L'enfance est-elle capable de cette activité, caractéristique des conduites les plus hautes de l'adulte lui-même : la recherche continue, issue d'un besoin spontané ? – problème central de l'éducation nouvelle.

Une remarque décisive de Claparède nous aidera à mettre quelque lumière dans cette discussion. Si l'on distingue, d'une part la structure de la pensée et les opérations psychiques (c'est-à-dire ce qui, au point de vue psychologique, correspond aux organes et à l'anatomie de l'organisme) et d'autre part le fonctionnement (c'est-à-dire ce qui correspond aux relations fonctionnelles étudiées par la physiologie), on peut dire que la pédagogie traditionnelle attribuait à l'enfant une structure mentale identique à celle de l'adulte, mais un fonctionnement différent : « elle regardait volontiers l'enfant... comme capable, par exemple, de saisir tout ce qui est logiquement évident, ou de comprendre la profondeur de certaines règles morales ; mais, en même temps, elle le considérait comme fonctionnellement différent de l'adulte, en ce sens que, tandis que l'adulte a besoin d'une raison, d'un mobile, pour agir, l'enfant, lui, serait capable d'œuvrer sans motif, d'acquérir sur commande les connaissances les plus disparates, de faire n'importe quel travail, simplement parce que c'est exigé par l'école, mais sans que ce travail réponde à aucun besoin émanant de lui-même enfant, de sa vie d'enfant » (*L'Éducation fonctionnelle*, p. 246-247).

Or, c'est le contraire qui est vrai. Les structures intellectuelles et morales de l'enfant ne sont pas les nôtres ; aussi les méthodes nouvelles d'éducation s'efforcent-elles de présenter aux enfants des différents âges les matières de l'enseignement sous des formes assimilables à leur structure et aux différents stades de leur développement. Mais, sous le rapport fonctionnel, l'enfant est identique à l'adulte ; comme ce dernier, il est un être actif dont l'action, régie par la loi de l'intérêt ou du besoin, ne saurait donner son plein rendement si l'on ne fait pas appel aux mobiles autonomes de cette activité. De même que le têtard respire déjà, mais avec d'autres organes que la grenouille, de même l'enfant agit comme l'adulte, mais avec une mentalité dont la structure varie selon les stades du développement.

Qu'est-ce donc que l'enfance ? Et comment ajuster les techniques éducatives à des êtres à la fois si semblables et si différents de nous ? L'enfance, pour les théoriciens de l'école nouvelle, n'est pas un mal nécessaire ; c'est une étape biologiquement utile dont la signification est celle d'une adaptation progressive au milieu physique et social.

Or, l'adaptation est un équilibre – équilibre dont la conquête dure toute l'enfance et l'adolescence et définit la structuration propre à ces périodes de l'existence – entre deux mécanismes indissociables : l'assimilation et l'accommodation. On dit, par exemple, qu'un organisme est adapté lorsqu'il peut à la fois conserver sa structure en lui assimilant les aliments tirés du milieu extérieur et accommoder cette structure aux diverses particularités de ce milieu : l'adaptation biologique est donc un équilibre entre l'assimilation du milieu à l'organisme et l'accommodation de celui-ci à celui-là. De même, on peut dire que la pensée est adaptée à une réalité particulière lorsqu'elle a réussi à assimiler à ses propres cadres cette réalité, tout en accommodant ceux-là aux circonstances nouvelles présentées par celle-ci : l'adaptation intellectuelle est donc mise en équilibre entre l'assimilation de l'expérience aux structures déductives et l'accommodation de ces structures aux données de l'expérience. D'une manière générale, l'adaptation suppose une interaction entre le sujet et l'objet, telle que le premier puisse s'incorporer le second tout en tenant compte de ses particularités ; et l'adaptation est d'autant plus poussée que cette assimilation et cette accommodation sont mieux différenciées et plus complémentaires.

Or, le propre de l'enfance est précisément d'avoir à trouver cet équilibre par une série d'exercices ou de conduites *sui generis*, par une activité structurante continue, en partant d'un état d'indifférenciation chaotique entre le sujet et l'objet. En effet, au point de départ de son évolution mentale, l'enfant est tiré en sens contraires par deux tendances non encore harmonisées entre elles et qui demeurent relativement indifférenciées dans la mesure où elles n'ont pas trouvé leur équilibre l'une par rapport à l'autre. D'une part, il est sans cesse obligé d'accommoder ses organes sensori-moteurs ou intellectuels à la réalité extérieure, aux particularités des choses, dont il a tout à apprendre. Et cette accommodation continue – qui se prolonge en imitation lorsque les mouvements du sujet s'appliquent suffisamment aux caractères de l'objet – constitue une première nécessité de son action. Mais d'autre part, et ceci a été en général moins bien compris, sauf précisément par les praticiens et les théoriciens de l'école nouvelle, pour accommoder son activité aux propriétés des choses, l'enfant a besoin de les assimiler à elle et de se les incorporer véritablement. Les objets n'ont d'intérêt au début de la vie mentale que dans la mesure où ils constituent des aliments pour l'activité propre, et cette assimilation continue du monde extérieur au moi, quoique antithétique en sa direction à l'accommodation elle-même, est si bien confondue avec elle durant les premiers stades que l'enfant commence par n'établir aucune frontière nette entre son activité et la réalité extérieure, entre le sujet et l'objet.

Si théoriques qu'elles puissent paraître, ces considérations sont fondamentales pour l'école. En effet, l'assimilation sous sa forme la plus pure, c'est-à-dire en tant qu'elle n'est point encore équilibrée avec l'accommodation au réel, n'est autre chose que le jeu, et le jeu, qui est l'une des activités enfantines les plus caractéristiques, a précisément trouvé dans les techniques nouvelles d'éducation des petits une utilisation qui demeure inexplicable si l'on ne précise pas la signification de cette fonction par rapport à l'ensemble de la vie mentale et de l'adaptation intellectuelle.

Le jeu.

Le jeu est un cas typique des conduites négligées par l'école traditionnelle, parce que paraissant dénuées de signification fonctionnelle. Pour la pédagogie courante, il n'est qu'un délassement ou que l'abréaction d'un superflu d'énergie. Mais cette vue simpliste n'explique ni l'importance que les petits attribuent à leurs jeux ni surtout la forme constante que revêtent les jeux des enfants, symbolisme ou fiction par exemple.

Après avoir étudié les jeux des animaux, Karl Gross en est venu à une conception toute différente, selon laquelle le jeu est un exercice préparatoire, utile au développement physique de l'organisme. De même que les jeux des animaux constituent l'exercice d'instincts précis, comme les instincts de combat ou de chasse, de même l'enfant qui joue développe ses perceptions, son intelligence, ses tendances à l'expérimentation, ses instincts sociaux, etc. C'est pourquoi le jeu est un levier si puissant de l'apprentissage chez les petits, au point que partout où l'on réussit à transformer en jeu l'initiation à la lecture, au calcul, ou à l'orthographe, on voit les enfants se passionner pour ces occupations ordinairement présentées comme des corvées.

Mais l'interprétation de Karl Gross, qui demeure une simple description fonctionnelle, n'acquiert sa pleine signification que dans la mesure où on l'appuie sur la notion d'assimilation. Durant la première année, par exemple, il est facile d'observer en marge des conduites d'adaptation proprement dite, au cours desquelles l'enfant cherche à saisir ce qu'il voit, à balancer, secouer, frotter, etc., des comportements de simple exercice caractérisés par le fait que les objets n'ont aucun intérêt en eux-mêmes mais sont assimilés, à titre de purs aliments fonctionnels, à ces mêmes formes de l'activité propre ; dans de tels cas, dans lesquels il faut chercher le point de départ du jeu, les conduites se développent en fonctionnant – conformément à la loi générale de l'assimilation fonctionnelle – et les objets sur lesquels elles portent n'ont d'autre signification pour l'enfant que de servir à cet exercice. En son origine sensori-motrice, le jeu n'est qu'une pure assimilation du réel au moi, au double sens du terme : au sens biologique de l'assimilation fonctionnelle – laquelle explique pourquoi les jeux d'exercices développent réellement les organes et les conduites – et au sens psychologique d'une incorporation des choses à l'activité propre.

Quant aux jeux supérieurs, ou jeux d'imagination symboliques, Karl Gross a sans doute échoué à les expliquer, car la fiction déborde de beaucoup, chez l'enfant, le simple préexercice des instincts particuliers. Le jeu de la poupée ne sert pas seulement à développer l'instinct maternel, mais à représenter symboliquement, et par conséquent à revivre en les transformant selon les besoins, l'ensemble des réalités vécues par l'enfant et non encore assimilées. A cet égard le jeu symbolique s'explique lui aussi par l'assimilation du réel au moi : il est la pensée individuelle sous sa forme la plus pure ; dans son contenu, il est épanouissement du moi et réalisation des désirs par opposition à la pensée rationnelle socialisée qui adapte le moi au réel et exprime les vérités communes ; dans sa structure, le symbole joué est à l'individu ce que le signe verbal est à la société.

Le jeu est donc, sous ses deux formes essentielles d'exercice sensori-moteur et de symbolisme, une assimilation du réel à l'activité propre, fournissant à celle-ci son alimentation nécessaire et transformant le réel en fonction des besoins multiples du moi. C'est pourquoi les méthodes actives d'éducation des petits exigent toutes que l'on fournisse aux enfants un matériel convenable afin qu'en jouant ils parviennent à s'assimiler les réalités intellectuelles qui, sans cela, demeurent extérieures à l'intelligence infantile.

Mais, si l'assimilation est nécessaire à l'adaptation, elle n'en constitue qu'un aspect. L'adaptation complète que doit réaliser l'enfance consiste en une synthèse progressive de l'assimilation avec l'accommodation. C'est pourquoi, par leur évolution interne elle-même, les jeux des petits se transforment peu à peu en constructions adaptées exigeant toujours plus de travail effectif, au point que, dans les petites classes d'une école active, toutes les transitions spontanées s'observent entre le jeu et le travail. Mais surtout, dès les premiers mois de l'existence, la synthèse de l'assimilation et de l'accommodation s'opère grâce à l'intelligence elle-même, dont l'œuvre unificatrice s'accroît avec l'âge et dont il convient maintenant de souligner l'activité réelle, puisque sur cette notion est fondée l'éducation nouvelle.

L'intelligence.

Pour la psychologie classique, l'intelligence était à concevoir soit comme une faculté donnée une fois pour toutes et susceptible de connaître le réel, soit comme un système d'associations mécaniquement acquises sous la contrainte des choses. D'où, nous l'avons dit, l'importance attribuée par la pédagogie ancienne à la réceptivité et au meublage de la mémoire. Aujourd'hui, au contraire, la psychologie la plus expérimentale reconnaît l'existence d'une intelligence dépassant les associations et les habitudes et attribue à cette intelligence une activité véritable et non point seulement la faculté de savoir.

Pour les uns, cette activité consiste en essais et erreurs, d'abord pratiques et extérieurs, puis s'intériorisant sous la forme d'une construction mentale d'hypothèses et d'une recherche dirigée par les représentations elles-mêmes (Claparède). Pour d'autres, elle implique une réorganisation continue du champ des perceptions et une structuration créatrice (Kohler, etc.). Mais tous s'accordent à admettre que l'intelligence commence par être pratique ou sensori-motrice pour ne s'intérioriser que peu à peu en pensée proprement dite, et à reconnaître que son activité est une construction continue.

L'étude de la naissance de l'intelligence durant la première année semble indiquer que le fonctionnement intellectuel ne procède ni par tâtonnement ni par une structuration purement endogène, mais par une activité structurante impliquant à la fois des formes élaborées par le sujet et un ajustement perpétuel de ces formes aux données de l'expérience. Autrement dit, l'intelligence c'est l'adaptation par excellence, l'équilibre entre une assimilation continue des choses à l'activité propre et l'accommodation de ses schèmes assimilateurs aux objets eux-mêmes.

C'est ainsi que, sur le plan de l'intelligence pratique, l'enfant ne comprend les phénomènes (par exemple les relations spatiales, causales, etc.) qu'en les assimilant à son activité motrice, mais il accommode en retour ses schèmes d'assimilation aux détails des faits extérieurs. De même, les stades inférieurs de la pensée de l'enfant montrent une assimilation constante des choses à l'action du sujet, unie à une accommodation non moins systématique de ces schèmes à l'expérience. Puis au fur et à mesure que l'assimilation se combine davantage avec l'accommodation, la première se réduit à l'activité déductive elle-même, la seconde à l'expérimentation et l'union des deux devient cette relation indissociable entre la déduction et l'expérience, relation qui caractérise la raison.

Ainsi conçue, l'intelligence enfantine ne saurait être traitée, pas plus que l'intelligence adulte, par des méthodes pédagogiques de pure réceptivité. Toute intelligence est une adaptation ; toute adaptation comporte une assimilation des choses de l'esprit, de même que le processus complémentaire d'accommodation. Donc, tout travail d'intelligence repose sur un intérêt.

L'intérêt n'est autre chose, en effet, que l'aspect dynamique de l'assimilation. Comme l'a profondément montré Dewey, l'intérêt véritable apparaît lorsque le moi s'identifie avec une idée ou un objet, lorsqu'il se trouve en eux un moyen d'expression et qu'ils deviennent un aliment nécessaire à son activité. Lorsque l'école active demande que l'effort de l'élève vienne de lui-même sans être imposé et que son intelligence travaille réellement sans recevoir les connaissances toutes préparées du dehors, elle réclame donc simplement que soient respectées les lois de toute intelligence. Chez l'adulte encore, l'intellect ne peut en effet fonctionner et donner occasion à un effort de la personnalité entière que si son objet est assimilé à celle-ci au lieu de rester extérieur. A plus forte raison chez l'enfant, puisque chez lui, l'assimilation au moi n'est point d'emblée équilibrée avec l'accommodation aux choses et nécessite un exercice ludique continu en marge de l'adaptation proprement dite.

La loi de l'intérêt, qui domine encore le fonctionnement intellectuel de l'adulte, est donc vrai *a fortiori* de l'enfant, dont les intérêts ne sont point ainsi coordonnés et unifiés, ce qui exclut chez lui, plus encore que chez nous, la possibilité d'un travail hétéronome de l'esprit. D'où ce que Claparède appelle la loi d'autonomie fonctionnelle : « A chaque moment de son développement, un être animal constitue une unité fonctionnelle, c'est-à-dire que ses capacités de réaction sont ajustées à ses besoins » *(L'Education fonctionnelle).*

Nous l'avons déjà vu : si le fonctionnement de l'esprit est le même à tous les niveaux, les structures mentales particulières sont susceptibles de varier. Il en est des réalités psychiques comme des organismes : les grandes fonctions sont constantes, mais peuvent être exercées par des organes différents. Or, si l'éducation nouvelle veut que l'on traite l'enfant en être autonome du point de vue des conditions fonctionnelles de son travail, elle réclame par contre que l'on tienne compte de sa mentalité du point de vue structural. C'est là sa seconde originalité notable.

En effet, l'éducation traditionnelle a toujours traité l'enfant en petit adulte, en être raisonnant et sentant comme nous, mais dénué simplement de connaissances et d'expérience. L'enfant n'étant ainsi qu'un adulte ignorant, la tâche de l'éducateur n'était pas tant de former la pensée que de la meubler ; les matières fournies du dehors étaient censées suffire à l'exercice. Tout autre le problème, dès que l'on part de l'hypothèse des variations structurales. Si la pensée de l'enfant est qualitativement différente de la nôtre, le but principal de l'éducation est de former la raison, intellectuelle et morale ; comme on ne la façonne pas du dehors, la question est de trouver le milieu et les méthodes les plus convenables pour aider l'enfant à la constituer lui-même, c'est-à-dire à parvenir sur le plan intellectuel à la cohérence et à l'objectivité, sur le plan moral à la réciprocité.

Il importe donc fondamentalement à l'école nouvelle de savoir quelle est la structure de la pensée de l'enfant, et quels sont les rapports entre la mentalité infantile et celle de l'adulte. Tous les créateurs de l'école active ont eu, soit l'intuition globale, soit la connaissance précise, à propos de tel ou tel point particulier de la psychologie de l'enfant, des différences structurales entre l'enfance et l'état adulte. Rousseau déjà affirmait que chaque âge a ses manières de penser ; mais cette notion n'est devenue positive qu'avec la psychologie du XXe siècle, grâce à ses travaux sur l'enfant lui-même et, en partie, aux conceptions de la psychologie et de la sociologie comparée. Ainsi, aux Etats-Unis, à la suite des recherches de Stanley Hall et de son école d'une part, des collaborateurs de Dewey d'autre part (entre autres I. King), un profond théoricien, J. M. Baldwin, a établi (d'une manière malheureusement trop peu expérimentale) le programme d'une « logique génétique » : l'idée seule d'une telle discipline est pleine de signification ; elle montre combien on s'est habitué à penser, contrairement à ce que croyaient au XIXe siècle positivistes et rationalistes, que la raison évolue en sa structure même et se construit véritablement durant l'enfance. En Europe, les travaux de Decroly et de Claparède sur les perceptions des enfants, de Stern sur le langage enfantin, de K. Groos sur le jeu, sans parler des hypothèses tirées d'études fameuses sur la mentalité primitive et des analyses des freudiens sur la pensée symbolique, ont conduit à des idées analogues. Il nous semble nécessaire de consacrer quelques lignes à la discussion de ce problème, qui conditionne le jugement qu'il convient de porter sur les méthodes nouvelles d'éducation.

Logique de l'adulte, logique de l'enfant.

En ce qui concerne l'éducation intellectuelle, la question cruciale est celle de la logique de l'enfant. S'il raisonne de la même manière que nous, l'école traditionnelle est justifiée de lui présenter les matières de l'enseignement comme s'il s'agissait de conférences données à des adultes. Mais il suffit d'analyser d'âge en âge les résultats de leçons d'arithmétique ou de géométrie à l'école primaire pour se rendre compte, d'emblée, de l'énorme hiatus qui existe entre une théorie adulte, même élémentaire, et la compréhension des enfants au-dessous de 11-12 ans.

Une première différence est à souligner qui à elle seule justifierait les efforts de l'école active ; c'est elle qui a trait aux rapports entre l'intelligence gnostique ou réflexive et l'intelligence pratique ou sensori-motrice. A un niveau suffisamment élevé du développement mental, la pratique apparaît comme une application de la théorie. C'est ainsi que depuis longtemps l'industrie a dépassé le stade de l'empirisme pour bénéficier chaque jour des applications de la science. De même, chez l'individu normal, la solution d'un problème d'intelligence pratique résulte soit de représentations théoriques claires, soit d'un tâtonnement empirique, mais dans lequel il n'est pas difficile de retrouver sans cesse l'influence de connaissances réfléchies antérieures. C'est pourquoi l'enseignement traditionnel a le préjugé des principes théoriques : on apprend, par exemple, la grammaire avant de s'exercer à parler, on apprend les règles de calcul avant de résoudre des problèmes, etc.

Or, avant tout langage, et par conséquent toute pensée conceptuelle et réfléchie, se développe chez le bébé une intelligence sensori-motrice ou pratique, qui va si loin dans la conquête des choses qu'elle construit à elle seule l'essentiel de l'espace et de l'objet, de la causalité et du temps – bref, qui organise déjà sur le plan de l'action tout un univers solide et cohérent (J. Piaget, *La Naissance de l'intelligence chez l'enfant* et *La Construction du réel chez l'enfant*). A l'âge scolaire encore, on trouve qu'il existe chez l'enfant une intelligence pratique servant de substructure à l'intelligence conceptuelle et dont les mécanismes paraissent être indépendants de cette dernière et entièrement originaux (André Rey, *L'Intelligence pratique chez l'enfant*).

Or, si les relations entre ces deux types d'intelligence sont encore mal débrouillées dans le détail, on peut cependant dire avec certitude que, chez les petits, l'intelligence pratique précède l'intelligence réfléchie et que celle-ci consiste, pour une bonne part, en une prise de conscience des résultats de celle-là. Tout au moins, on peut affirmer que celle-ci ne parvient à créer du nouveau, sur le plan des signes ou des concepts qui est le sien, qu'à condition de fonder ses constructions sur un soubassement organisé par celle-là.

Par exemple, dans le domaine de la physique spontanée de l'enfant, celui-ci arrive à prévoir les phénomènes bien avant de savoir les expliquer (la légalité issue de l'intelligence pratique précède la causalité qui nécessite la déduction réflexive), mais l'explication juste consiste en une prise de conscience progressive des motifs qui ont guidé la prévision (J. Piaget, *La Causalité physique chez l'enfant*).

On voit donc, en résumé, que l'adaptation pratique, loin d'être, chez les petits, une application de la connaissance conceptuelle, constitue au contraire la première étape de la connaissance elle-même et la condition nécessaire à toute connaissance réfléchie ultérieure.

C'est pourquoi les méthodes actives d'éducation des petits réussissent tellement mieux que les autres dans l'enseignement des branches abstraites telles que l'arithmétique et la géométrie : lorsque l'enfant a, pour ainsi dire, manipulé des nombres ou des surfaces avant de les connaître par la pensée, la notion qu'il en acquiert ultérieurement consiste véritablement en une prise de conscience des schèmes actifs déjà familiers, et non pas, comme dans les méthodes ordinaires, en un concept verbal s'accompagnant d'exercices formels et sans intérêt, sans substructure expérimentale antérieure. L'intelligence pratique est donc l'une des données psychologiques essentielles sur lesquelles repose l'éducation active. Mais pour prévenir toute équivoque, notons en passant que le terme d'« actif » est pris ici dans un tout autre sens. Comme l'a dit Claparède (*L'Education fonctionnelle*, p. 205), le terme d'activité est ambigu et peut se prendre soit au sens fonctionnel d'une conduite fondée sur l'intérêt, soit au sens d'effectuation désignant une opération extérieure et motrice. Or, seule la première de ces deux activités caractérise l'école active à tous les degrés (on peut être, dans le premier sens, actif dans la pure pensée), tandis que la seconde activité est surtout indispensable aux petits et diminue d'importance avec l'âge.

Mais le renversement des rapports entre l'intelligence pratique ou sensori-motrice et l'intelligence réfléchie est loin d'être la seule différence structurale opposant la pensée de l'enfant à la nôtre. Sur le plan proprement conceptuel, il faut noter chez l'enfant des particularités remarquables, tout aussi importantes du point de vue de la pratique de l'enseignement. Elles intéressent au moins trois domaines essentiels de la structure logique de la pensée : les principes formels, la structure des classes ou concepts, et la structure des relations.

En ce qui les concerne, il est, semble-t-il, une vérité d'observation dont il convient de partir. L'enfant n'est guère capable, avant 10-11 ans, de raisonnement formel, c'est-à-dire de déductions portant sur des données simplement assumées et non pas sur des vérités observées (J. Piaget, *Le Jugement et le raisonnement chez l'enfant*).

Par exemple, c'est une des difficultés des problèmes ordinaires de mathématiques chez les petits que de s'en tenir aux termes du problème au lieu de recourir aux souvenirs concrets de l'expérience individuelle. D'une façon générale, c'est une impossibilité pour l'enfant avant environ 10 ans que de comprendre la nature hypothético-déductive et non pas empirique de la vérité mathématique : on peut d'ailleurs s'étonner de ce que la pédagogie classique impose sur ce point aux écoliers une manière de raisonner que les Grecs ont conquise de haute lutte après des siècles d'arithmétique et de géométrie empiriques. D'autre part, les analyses que nous avons pu faire de certains raisonnements simplement verbaux montrent également la difficulté du raisonnement formel avant 10-11 ans. Dès lors, on peut se demander si l'enfant possède comme nous les principes d'identité, de non-contradiction, de déduction, etc., et se poser à son sujet les mêmes problèmes que Lévy-Bruhl à propos des non-civilisés.

La réponse doit tenir compte, semble-t-il, de la distinction déjà mentionnée entre fonctions et structures. Incontestablement, du point de vue de la fonction, l'enfant recherche déjà la cohérence ; c'est le cas de toute pensée et la sienne obéit aux mêmes lois fonctionnelles que la nôtre. Mais il se contente d'autres formes de cohérence que nous et – s'il s'agit des concepts bien définis nécessaires à cette structure spéciale, la cohérence formelle de la pensée – on peut dire qu'il n'y parvient pas d'emblée. Il raisonne fréquemment d'une manière qui, pour nous, est contradictoire.

Ceci nous conduit au système des classes ou concepts enfantins. L'usage presque exclusif que fait du langage l'éducation traditionnelle, dans l'action qu'elle exerce sur l'élève, implique que l'enfant élabore ses concepts de la même manière que nous, et qu'ainsi s'établisse une correspondance terme à terme entre les notions du maître et celles de l'écolier. Or, le verbalisme, cette triste réalité scolaire – prolifération de pseudo-notions accrochées à des mots sans significations réelles –, montre assez que ce mécanisme ne joue pas sans difficultés et explique l'une des réactions fondamentales de l'école active contre l'école réceptive.

La chose est aisée à comprendre. Les concepts adultes codifiés dans le langage intellectuel et maniés par des professionnels de l'exposé oral et de la discussion constituent des instruments mentaux qui servent essentiellement, d'une part à systématiser les connaissances déjà acquises, et d'autre part à faciliter la communication et l'échange entre les individus. Or, chez l'enfant, l'intelligence pratique domine encore largement l'intelligence gnostique ; la recherche prime le savoir élaboré et, surtout, l'effort de la pensée reste longtemps incommunicable et moins socialisé que chez nous. Le concept enfantin tient donc, en son point de départ, du schème sensori-moteur et reste dominé pendant des années par l'assimilation du réel au moi plus que par les règles discursives de la pensée socialisée. Dès lors, il procède beaucoup plus par assimilation syncrétique que par généralisation logique. Si l'on essaie de soumettre les enfants, avant 10-11 ans, à des expériences portant sur ces opérations constitutives des concepts, que les logiciens ont appelées l'addition et la multiplication logiques, on constate une difficulté systématique à les appliquer. L'analyse de la compréhension verbale de l'enfant montre, d'autre part, les mêmes processus de fusion globale et syncrétique que Decroly et Claparède avaient observés sur le plan de la perception. Bref, l'enfant ignore longtemps les systèmes hiérarchisés de concepts bien délimités, les inclusions et les disjonctions franches ; il ne parvient donc pas d'emblée à la cohérence formelle et raisonne grâce à cette sorte de déduction mal réglée et sans généralité ni nécessité vraies, que W. Stern appelle la transduction.

Quant à ce que les logiciens ont appelé logique des relations, la différence est encore plus visible entre la pensée de l'enfant et la raison élaborée.

A côté des jugements prédicatifs, il existe, on le sait, des jugements comprenant entre eux des termes non inclus l'un dans l'autre ; ce système des rapports est plus fondamental que celui des concepts : le premier sert à constituer le second.

Or, dans l'ordre génétique, les relations apparaissent bien comme primitives chez l'enfant ; elles sont à l'œuvre dès le plan sensori-moteur ; mais leur maniement sur le plan de l'intelligence réfléchie demeure longtemps difficile : la pensée individuelle commence en effet par juger de toutes choses du point de vue propre – et par considérer comme absolus des caractères qu'elle reconnaîtra comme relatifs dans la suite. Demandez à de jeunes enfants laquelle est la plus lourde de trois boîtes d'aspect identique dont la première est plus légère que la seconde et plus lourde que la troisième, ils raisonnent souvent comme suit : les deux premières sont légères, la première et la troisième sont lourdes, donc la troisième est la plus lourde et la seconde la plus légère.

La pensée de l'enfant fonctionne comme la nôtre et présente les mêmes fonctions spéciales de cohérence, de classification, d'explication et de mise en relations, etc. Mais les structures logiques particulières qui remplissent les fonctions sont susceptibles de développement et de variation. Aussi praticiens et théoriciens de l'école nouvelle en sont-ils venus à considérer comme nécessaire de présenter à l'enfant les matières de l'enseignement selon de tout autres règles que celles auxquelles notre esprit discursif et analytique attribue le monopole de la clarté et de la simplicité. Nous en trouvons de nombreux exemples, singulièrement dans la méthode de Decroly, fondée sur les notions de globalisation ou de syncrétisme.

Ici se pose un problème fondamental : celui des mécanismes mêmes du développement de l'esprit. Supposons que les variations structurales de la pensée de l'enfant soient déterminées du dedans, selon un ordre rigide de succession et une chronologie constante, chaque stade venant à son heure et occupant une période précise de la vie de l'enfant ; supposons, en un mot, que l'évolution de la pensée individuelle soit comparable à une embryologie réglée héréditairement, les conséquences en seraient incalculables pour l'éducation : le maître perdrait son temps et sa peine à vouloir hâter le développement de ses élèves, le problème serait simplement de trouver les connaissances correspondant à chaque stade et de les présenter de manière assimilable pour la structure mentale du niveau considéré.

Inversement, si le développement de la raison dépendait uniquement de l'expérience individuelle et des influences du milieu physique et social, l'école pourrait fort bien, tout en tenant compte de la structure de la conscience primitive, accélérer l'évolution au point de brûler les étapes et d'identifier le plus rapidement possible l'enfant à l'adulte.

Toutes les opinions ont été soutenues en ce qui concerne le mécanisme du développement et, si chacune n'a pas donné lieu à des applications pédagogiques durables, c'est que précisément la vie scolaire est une expérience systématique qui permet d'étudier l'influence du milieu sur la croissance psychique et, par conséquent, d'écarter les interprétations trop aventureuses.

On a conçu par exemple le développement psychique de l'enfant comme se déroulant en une série de périodes déterminées héréditairement et correspondant aux étapes de l'histoire de l'humanité. C'est ainsi que Stanley Hall, sous l'influence des idées biologiques répandues à la fin du XIXe siècle – prétendu parallélisme onto-phylogénétique, ou hypothèse de l'hérédité des caractères acquis –, a interprété l'évolution des jeux chez l'enfant comme une récapitulation régulière d'activités ancestrales. Cette théorie a influencé plusieurs pédagogues, sans donner lieu à aucune application sérieuse ; il n'en reste rien non plus au point de vue psychologique, et des recherches récentes faites aux Etats-Unis, sur la succession des jeux en fonction de l'âge, ont montré que les petits Américains se souciaient de moins en moins des activités ancestrales, mais s'inspiraient de plus en plus des spectacles offerts par le milieu contemporain. (Mrs Curti, *Child psychology.*)

Par contre, l'idée qu'il entre dans le développement intellectuel une part notable de maturation interne, indépendante du milieu extérieur, gagne du terrain. De longs exercices sont nécessaires pour apprendre à marcher avant la maturation des centres intéressés ; mais interdisez au bébé tout essai avant ce moment optimum, la marche sera acquise presque instantanément. De même, les recherches de Gesell sur les jumeaux vrais, les travaux de Ch. Bühler sur les petits Albanais emmaillotés jusqu'au jour où ils brûlent les étapes, une fois sortis de leur prison, montrent que, dans les acquisitions les plus influencées en apparence par l'expérience individuelle et le milieu extérieur, la maturation du système nerveux joue un rôle fondamental. Aussi Ch. Bühler va-t-elle jusqu'à admettre que les stades du développement mental établis par elle constituent des étapes nécessaires et correspondent à des âges constants. Ce n'est pas le moment de montrer l'exagération d'une telle conception, d'autant qu'à notre connaissance, elle n'a pas donné lieu à des applications pédagogiques systématiques.

On a d'autre part conçu le développement intellectuel de l'enfant comme dû à l'expérience seule. Selon Mrs. Isaac (*The intellectual growth of young children*), digne héritière à cet égard de l'empirisme anglais, la structure mentale héréditaire de l'enfant conduit simplement celui-ci à enregistrer les leçons de la réalité ; ou plutôt – car l'empirisme même croit aujourd'hui à une activité de l'esprit – l'enfant est poussé par ses propres tendances à organiser sans cesse des expériences et à retenir le résultat en vue de ses essais ultérieurs.

Ce n'est pas ici le lieu de faire voir combien, du point de vue psychologique, un tel empirisme implique, malgré tout, la notion d'une structure assimilatrice évoluant avec l'âge. Bornons-nous à noter que, dans ses applications pédagogiques, la doctrine aboutit à un optimisme aussi grand que si le développement était entièrement déterminé par des facteurs de maturation interne. En effet, dans la petite école de Malting House à Cambridge,

Mrs. Isaacs et ses collaborateurs s'abstenaient rigoureusement de toute intervention adulte, dans l'idée que c'est précisément l'enseignement et ses maladresses qui empêchent les enfants de travailler ; mais ils leur offraient un véritable équipement de laboratoire afin de les laisser organiser eux-même leurs expériences. Les enfants de 3 à 8 ans avaient à leur disposition le plus grand nombre possible de matières premières et d'instruments : des éprouvettes, des cristallisoirs, des becs Bunsen, etc., sans parler des appareils d'histoire naturelle. Le résultat n'a pas manqué d'intérêt ; très jeunes, les enfants ne demeuraient point inactifs dans ce milieu propre à la recherche, se livrant à toutes sortes de manipulations qui les intéressaient passionnément ; ils apprenaient réellement à observer et à raisonner en observant, individuellement et en commun. Mais l'impression que nous avons eue en visitant cette étonnante école expérimentale est double. D'une part, même ces circonstances exceptionnellement favorables ne suffisaient point à effacer les différents traits de la structure mentale de l'enfant et se bornaient à en accélérer l'évolution. D'autre part, quelque systématisation venant de l'adulte n'aurait peut-être pas été entièrement nuisible aux élèves. Bien entendu, pour pouvoir conclure, il aurait fallu poursuivre l'essai jusqu'à la fin des études secondaires ; mais il est bien possible que le résultat eût montré plus que ne le souhaitaient ces pédagogues, la nécessité d'une activité rationnelle, déductive, pour donner un sens à l'expérience scientifique et la nécessité, pour constituer cette raison chez l'enfant, d'une structure sociale englobant, non seulement la coopération entre enfants, mais la coopération avec l'adulte.

Quant aux méthodes nouvelles d'éducation qui ont eu le succès le plus durable et qui constituent sans doute le point de départ de l'école active de demain, elles s'inspirent toutes plus ou moins d'une doctrine du juste milieu, faisant une part à la maturation structurale et une part aux influences de l'expérience et du milieu social et physique. Contrairement à l'école traditionnelle, qui nie l'existence du premier de ces facteurs en identifiant dès l'abord l'enfant à l'adulte, ces méthodes tiennent compte des stades du développement mais, contrairement aux théories fondées sur la notion d'une maturation purement héréditaire, elles croient à la possibilité d'agir sur cette évolution.

La valeur des stades en pédagogie.

Comment donc interpréter, du point de vue de l'école, les lois et les stades du développement intellectuel ? Choisissons comme exemple celui de la causalité chez l'enfant (Piaget, *La Représentation du monde chez l'enfant* et *La Causalité physique chez l'enfant*).

Lorsqu'on interroge les enfants des différents âges sur les principaux phénomènes naturels qui les intéressent spontanément, on obtient des réponses bien différentes selon le niveau des sujets interrogés. Chez les petits, on trouve toutes sortes de conceptions dont l'importance diminue considérablement avec l'âge : les choses sont douées de vie et d'intentionnalité, elles sont capables de mouvements propres et ces mouvements sont destinés, à la fois, à assurer l'harmonie du monde et à servir l'homme. Chez les grands, on ne rencontre plus guère que des représentations de l'ordre de la causalité adulte, sauf quelques traces des stades antérieurs. Entre deux, de 8 à 11 ans environ, on trouve par contre de nombreuses formes d'explications intermédiaires entre l'animisme artificialiste des petits et le mécanisme des grands ; c'est le cas en particulier d'un dynamisme assez systématique, dont plusieurs manifestations rappellent la physique d'Aristote, et qui prolonge la physique primitive de l'enfant tout en préparant les liaisons plus rationnelles.

Une telle évolution des réponses témoigne, semble-t-il, d'une transformation structurale de la pensée avec l'âge. Certes, on n'a pas retrouvé dans tous les milieux ces mêmes résultats, et ce flottement même des réponses est à retenir soigneusement pour l'interprétation finale du processus. Mais, si l'on compare, dans l'ensemble, les réactions des petits à celles des grands, il est impossible de ne pas admettre une maturation ; la causalité scientifique n'est pas innée, elle se construit peu à peu, et cette construction suppose aussi bien une correction de l'égocentrisme initial de la pensée (de l'assimilation au moi dont nous parlions plus haut) qu'une adaptation de l'esprit aux choses.

Seulement, de là à admettre des stades rigides

caractérisés par des limites d'âge constantes et par un contenu permanent de pensée, il y a loin.

D'abord, les âges caractéristiques que l'on obtient, même en procédant sur un grand nombre d'enfants, ne sont que des moyennes ; leur succession, quoique réelle globalement, n'exclut donc ni les chevauchements, ni même les régressions individuelles momentanées. Ensuite, il existe toutes sortes de décalages, lorsqu'on passe d'une épreuve spéciale à l'autre : un enfant qui appartient à un stade donné en ce qui concerne une question particulière de causalité peut fort bien être d'un stade plus avancé eu égard à une question de causalité voisine. De même qu'en science, une conception nouvelle peut apparaître dans un domaine quelconque sans pénétrer avant des années dans les autres disciplines, de même une conduite individuelle ou une notion récente ne se généralise pas d'emblée et chaque problème comporte ses difficultés propres. Ces décalages en extension, si l'on peut s'exprimer ainsi, excluent probablement la possibilité d'établir des stades généraux, sauf durant les deux ou trois premières années de l'existence.

En troisième lieu, il y a, pour ainsi dire, les décalages en compréhension : une même notion peut apparaître sur le plan sensori-moteur ou pratique bien avant d'être l'objet d'une prise de conscience ou d'une réflexion (comme nous l'avons vu plus haut de la logique des relations) ; cette absence de synchronisme entre les différents plans de l'action et de la pensée complique encore le tableau des stades. Enfin et surtout (et l'on ne saurait trop insister sur ce point) chaque stade de développement est beaucoup moins caractérisé par un contenu fixe de pensée que par un certain pouvoir, une certaine activité potentielle, susceptible d'aboutir à tel ou tel résultat suivant le milieu dans lequel vit l'enfant.

Nous touchons ici à une question capitale, tant pour la psychologie de l'enfant en général que pour l'éducation nouvelle et la psycho-pédagogie ; elle soulève des difficultés analogues à celles de la biologie génétique.

On sait que de nombreux problèmes d'hérédité sont restés embrouillés tant que l'on n'a pas distingué, parmi les variations animales et végétales, les génotypes ou variations endogènes héréditaires, et les phénotypes ou variations non héréditaires relatives au milieu. Or, on ne mesure directement que des phénotypes, puisqu'un organisme vit toujours dans un certain milieu, et le génotype n'est que l'élément invariant commun à tous les phénotypes de même race pure. Mais cet invariant, quoique supposant une abstraction de l'intelligence, est ce qui fait comprendre le mécanisme même de la variation. Pareillement en psychologie : la pensée de l'enfant (pas plus d'ailleurs que celle de l'adulte) ne peut jamais être saisie en elle-même et indépendamment du milieu.

L'enfant d'un certain stade fournira un travail différent et donnera des réponses variables à des questions analogues, selon son milieu familial ou scolaire, suivant la personne qui l'interroge, etc. On n'obtiendra jamais ainsi, dans les expériences, que des sortes de phénotypes mentaux et il sera toujours abusif de considérer telle ou telle réaction comme une caractéristique absolue, comme le contenu permanent d'un stade considéré. Mais en comparant les réponses fournies par des enfants de même niveau dans des milieux variables avec les réponses données par des sujets d'autres niveaux dans les mêmes milieux, on se rend compte cependant que des traits communs peuvent être déterminés et que ces caractères généraux sont précisément l'indice de l'activité potentielle différenciant les stades les uns par rapport aux autres.

Sans que l'on puisse actuellement fixer avec certitude la limite entre ce qui provient de la maturation structurale de l'esprit et ce qui émane de l'expérience de l'enfant ou des influences de son milieu physique et social, on peut, semble-t-il, admettre que les deux facteurs interviennent sans cesse et que le développement est dû à leur interaction continue. Du point de vue de l'école, cela signifie, d'une part, qu'il faut reconnaître l'existence d'une évolution mentale ; que toute nourriture intellectuelle n'est pas bonne indifféremment à tous les âges ; qu'on doit tenir compte des intérêts et des besoins de chaque période. Cela signifie aussi, d'autre part, que le milieu peut jouer un rôle décisif dans le développement de l'esprit ; que le déroulement des stades n'est pas déterminé une fois pour toutes, quant aux âges et aux contenus de la pensée ; que de saines méthodes peuvent donc augmenter le rendement des élèves et même accélérer leur croissance spirituelle sans nuire à sa solidité.

La question de l'influence du milieu sur le développement et le fait que les réactions caractéristiques des différents stades sont toujours relatives à une certaine ambiance autant qu'à la maturation même de l'esprit nous conduisent à examiner, au terme de ce bref exposé, le problème psycho-pédagogique des relations sociales propres de l'enfance. C'est un des points sur quoi l'école nouvelle et l'école traditionnelle s'opposent de la manière la plus significative.

L'école traditionnelle ne connaît guère qu'un type de relations sociales : l'action du maître sur l'élève. Sans doute, les enfants d'une même classe constituent un vrai groupe, quelles que soient les méthodes appliquées dans le travail, et l'école a toujours approuvé la camaraderie et les règles de solidarité et de justice qui s'établissent en une telle société. Mais, à part les heures réservées aux sports et au jeu, cette vie sociale entre enfants n'est pas utilisée dans la classe même ; les exercices faussement appelés collectifs ne sont en réalité qu'une juxtaposition de travaux individuels exécutés dans le même local. L'action du maître sur l'élève est donc tout. Or, le maître étant revêtu de l'autorité intellectuelle et morale, et l'élève lui devant obéissance, cette relation sociale appartient, de la manière la plus typique, à ce que les sociologues appellent la contrainte, étant entendu que son caractère coercitif apparaît seulement en cas de non-soumission et que, dans son fonctionnement normal, cette contrainte peut être douce et aisément acceptée par l'écolier.

Les méthodes nouvelles d'éducation ont, par contre, réservé d'emblée une place essentielle à la vie sociale entre enfants. Dès les premiers essais de Dewey et de Decroly, les élèves ont été libres de travailler entre eux, de collaborer dans la recherche intellectuelle aussi bien que dans l'établissement d'une discipline morale ; ce travail par équipes et ce *self government* sont devenus essentiels dans la pratique de l'école active. Il importe de discuter les problèmes que soulève cette vie sociale enfantine.

Du point de vue du comportement héréditaire, c'est-à-dire des instincts sociaux ou de cette société que Durkheim appelait intérieure aux individus parce que liée à la constitution psycho-biologique de l'organisme, l'enfant est social presque dès le premier jour. Il sourit aux personnes dès le second mois et cherche le contact avec autrui ; on sait combien les bébés sont déjà exigeants sur ce point et ont besoin de compagnie si l'on ne les habitue pas à des heures bien réglées d'activité solitaire. Mais, à côté des tendances sociales intérieures, il y a la société extérieure aux individus, c'est-à-dire l'ensemble des relations s'établissant du dehors entre eux : le langage, les échanges intellectuels, les actions morales, juridiques, bref, tout ce qui se transmet de génération en génération et constitue l'essentiel de la société humaine, par opposition aux sociétés animales fondées sur l'instinct.

Or, de ce point de vue, et bien qu'il soit pourvu d'emblée de tendances à la sympathie et à l'imitation, l'enfant a tout à apprendre. Il part, en effet, d'un état purement individuel – celui des premiers mois de l'existence, durant lequel aucun échange n'est possible avec autrui – pour aboutir à une socialisation progressive, et qui n'est jamais terminée. Il ne connaît au point de départ ni règles, ni signes et doit, par une adaptation graduelle, faite d'assimilation des autres à soi-même et d'accommodation de soi à autrui, conquérir ces deux propriétés essentielles de la société extérieure : la compréhension mutuelle fondée sur la parole et la discipline commune basée sur des normes de réciprocité.

Dès lors, de ce point de vue (mais de ce seul point de vue de la société extérieure), on peut dire que l'enfant procède d'un état initial d'égocentrisme inconscient, corrélatif de son indifférenciation du groupe.

D'une part en effet les petits (et cela dès la seconde moitié de la première année) non seulement recherchent le contact d'autrui, mais l'imitent sans cesse et font preuve à cet égard du maximum de suggestibilité : ainsi se présente sur le plan social cet aspect de l'adaptation que nous appelions plus haut l'accommodation et dont l'équivalent, pour l'univers physique, est la soumission phénoméniste aux aspects extérieurs de l'expérience. Mais d'autre part, et par cela même, l'enfant assimile sans cesse les autres à lui, c'est-à-dire que, restant à la surface de leur conduite et de leurs mobiles, il ne les comprend qu'en réduisant tout à son point de vue propre et en projetant en eux ses pensées et ses désirs. Tant qu'il n'a pas conquis, et les instruments sociaux d'échange ou de compréhension mutuelle, et la discipline qui soumet le moi aux règles de la réciprocité, l'enfant ne peut, cela est évident, que se croire au centre du monde social comme du monde physique et que juger de tout par assimilation égocentrique à lui-même. Au fur et à mesure, au contraire, qu'il comprend autrui au même titre que lui-même et plie ses volontés et sa pensée à des règles assez cohérentes pour permettre une objectivité aussi difficile, il parvient tout à la fois à sortir de lui-même et à prendre conscience de lui, c'est-à-dire à se situer du dehors parmi les autres en découvrant à la fois sa propre personnalité et celle de chacun.

En bref, l'évolution sociale de l'enfant procède de l'égocentrisme à la réciprocité, de l'assimilation à un moi inconscient de lui-même à la compréhension mutuelle constitutive de la personnalité, de l'indifférenciation chaotique dans le groupe à la différenciation fondée sur l'organisation disciplinée.

Les effets de l'égocentrisme initial.

Examinons d'abord les effets de l'égocentrisme initial. Ces effets se remarquent, en premier lieu, dans le comportement des petits.

Dans les jeux ou dans les écoles où les enfants sont libres de travailler individuellement ou en commun, les petits présentent une conduite très caractéristique. Ils aiment être ensemble et recherchent souvent les groupements de deux ou trois, mais, même alors, ils ne cherchent en général pas à coordonner leurs efforts : chacun agit pour soi, avec ou sans assimilation mutuelle.

Par exemple, dans un jeu collectif comme le jeu de billes, à 5-6 ans encore, chacun applique les règles à sa manière et tout le monde gagne à la fois. Dans les jeux symboliques ou dans les constructions, même mélange de contact, d'imitation grossière et de quant-à-soi inconscient. Voilà pourquoi les méthodes de travail par équipes échouent avec les petits.

Le langage de l'enfant, en de telles situations, est lui aussi fréquemment significatif. A la Maison des petits de Genève, nous avons observé chez les enfants de 3 à 6 ans une proportion très forte de monologues collectifs durant lesquels chacun parle pour soi sans écouter réellement les autres (Piaget, *Le Langage et la pensée chez l'enfant*). On a retrouvé, en d'autres milieux, des fréquences plus faibles de ce langage égocentrique ou même une absence relative de ces manifestations (Delacroix, *Le Langage de l'enfant*). Mais il nous semble évident que les soliloques des petits ou le monologue collectif constituent le type même de ces caractéristiques phénotypiques d'un stade, c'est-à-dire relatives non seulement à l'enfant, mais encore au milieu dans lequel il agit. En effet, d'une part on n'observe ces phénomènes que chez les enfants au-dessous de 7-8 ans et non chez les grands, ce qui montre assez combien il s'agit d'un caractère propre aux stades inférieurs. D'autre part, ce caractère ne se manifeste que dans certains milieux ; il peut être réduit ou se développer suivant l'ambiance scolaire ou familiale, c'est-à-dire selon l'action exercée par l'adulte.

Mais c'est surtout au point de vue intellectuel que l'égocentrisme est digne d'attention et constitue un phénomène d'importance générale. Nous avons déja vu que c'est l'assimilation continue de l'univers à l'activité individuelle qui explique le jeu.

Le jeu symbolique, en particulier, serait incompréhensible sans cette assimilation du réel à la pensée qui rend compte parfois de la satisfaction des désirs propres à l'imagination ludique et de la structure symbolique du jeu par opposition à la structure conceptionnelle et verbale de la pensée socialisée. Le jeu est ainsi le type le plus caractéristique de la pensée égocentrique, celui pour lequel l'univers extérieur n'a plus d'importance objective mais est ployable au gré des intérêts du moi et sert simplement d'instrument à son épanouissement. Or, si le jeu symbolique n'est que la pensée individuelle poursuivant sa libre satisfaction par assimilation des choses à l'activité propre, l'égocentrisme se manifeste à l'adaptation même. Ce qui, d'ailleurs, est naturel, puisque l'adaptation est un équilibre entre l'assimilation et l'accommodation et que cet équilibre implique une longue structuration avant que ses deux processus puissent devenir complémentaires.

Ainsi les deux aspects de la logique de l'enfant, que nous indiquions plus haut comme caractéristiques de la structure mentale des premiers stades du développement, sont étroitement solidaires de l'égocentrisme. Si l'enfant éprouve tant de difficultés à manier les relations sur le plan de la pensée, alors que son activité sensori-motrice est déjà adaptée aux rapports entre les choses, c'est que la relativité implique la réciprocité des perspectives et qu'avant d'avoir habitué son esprit à cette réciprocité grâce aux échanges inter-individuels et à la coopération, l'individu demeure prisonnier de son point de vue propre, qu'il considère naturellement comme absolu. D'autre part, si l'enfant a tant de peine à constituer des concepts véritables et à manier les opérations de la logique des classes, c'est que la discussion et les nécessités discursives de l'échange intellectuel sont indispensables pour éduquer l'esprit d'analyse et conduire l'esprit à reconnaître la valeur des définitions fixes et des conceptions claires. D'une manière générale, les règles formelles de la logique constituent une morale de la pensée que, seuls, la coopération et le respect du vrai qu'elle implique permettent de constituer.

Les processus de la socialisation.

Ainsi, dans tous les domaines, et ceci est encore plus facile à établir au point de vue moral qu'au point de vue intellectuel, l'enfant demeure égocentrique dans la mesure où il n'est pas adapté aux réalités sociales extérieures. Cet égocentrisme constitue l'un des aspects de chacune de ses structures mentales. Comment donc s'adaptera-t-il à la vie sociale ou, pour mieux dire, quels sont les processus de la socialisation ?

Ici se marque l'originalité des méthodes nouvelles d'éducation. L'école traditionnelle réduisait toute socialisation, intellectuelle ou morale, à un mécanisme de contrainte. L'école active, dans presque toutes ses réalisations, distingue au contraire, soigneusement, deux processus aux résultats bien différents et qui ne deviennent complémentaires qu'avec beaucoup de soin et de tact : la contrainte de l'adulte et la coopération des enfants entre eux.

La contrainte de l'adulte a des résultats d'autant plus importants qu'elle répond à des tendances très profondes de la mentalité enfantine.

L'enfant éprouve en effet, pour l'adulte en général et d'abord pour ses parents, ce sentiment essentiel, fait de crainte et d'affection mêlées, qui est le respect ; or, comme l'a montré P. Bovet (*Les Conditions de l'obligation de conscience, Année psychologique,* 1912), le respect ne dérive ni, comme le pensait Kant, de la loi en tant que telle, ni, comme le voulait Durkheim, du groupe social incarné dans les individus ; il constitue un fait premier dans les relations affectives entre le petit enfant et les adultes qui l'entourent, et explique, à la fois, l'obéissance de l'enfant et la constitution des règles impératives. En effet, dans la mesure où une personne est respectée par l'enfant, les ordres et les consignes qu'elle donne sont sentis comme obligatoires. La genèse du sentiment du devoir s'explique ainsi par le respect, et non point l'inverse, ce qui montre assez la signification essentielle de l'action de l'adulte sur l'enfant.

Mais si, au point de départ du développement, l'adulte est ainsi la source de toute moralité et de toute vérité, cette situation ne va pas sans dangers. Du point de vue intellectuel par exemple : le prestige qu'il possède aux yeux de l'enfant fait que celui-ci accepte toutes faites les affirmations émanant du maître, et que l'autorité le dispense de réflexion. Comme l'attitude égocentrique pousse précisément l'esprit à l'affirmation sans contrôle, le respect de l'adulte aboutit souvent à consolider l'égocentrisme au lieu de le corriger, en remplaçant sans plus la croyance individuelle par une croyance fondée sur l'autorité – mais sans conduire à cette réflexion et à cette discussion critique qui constituent la raison et que, seuls, la coopération et l'échange véritable peuvent développer. Du point de vue moral, le danger est le même ; au verbalisme de la soumission intellectuelle correspond une sorte de réalisme moral : le bien et le mal sont simplement conçus comme étant ce qui est conforme ou non conforme à la règle adulte. Cette morale essentiellement hétéronome de l'obéissance conduit à toutes sortes de déformations. Incapable d'amener l'enfant à cette autonomie de la conscience personnelle qui constitue la morale du bien par opposition à celle du devoir pur, elle échoue ainsi à préparer l'enfant aux valeurs essentielles de la société contemporaine.

D'où l'effort de la pédagogie nouvelle pour suppléer aux insuffisances de la discipline imposée du dehors par une discipline intérieure, fondée sur la vie sociale des enfants eux-mêmes.

Non seulement ceux-ci, dans leurs propres sociétés et en particulier dans leurs jeux collectifs, sont capables de s'imposer des règles qu'ils respectent souvent avec plus de conscience et de conviction que certaines consignes édictées par les adultes – mais chacun sait qu'en marge de l'école et d'une manière plus ou moins clandestine, ou en classe même et en opposition parfois avec le maître, existe tout un système d'entraide fondée sur une solidarité spéciale, ainsi que sur un sentiment *sui generis* de la justice. Les méthodes nouvelles tendent toutes à utiliser ces forces collectives au lieu de les négliger ou de les laisser se transformer en puissances hostiles.

La coopération des enfants entre eux présente à cet égard une importance aussi grande que l'action des adultes. Du point de vue intellectuel, c'est elle qui est le plus apte à favoriser l'échange réel de la pensée et la discussion, c'est-à-dire toutes les conduites susceptibles d'éduquer l'esprit critique, l'objectivité et la réflexion discursive. Du point de vue moral, elle aboutit à un exercice réel des principes de la conduite, et non pas seulement à une soumission extérieure. Autrement dit, la vie sociale, pénétrant en classe par la collaboration effective des élèves et la discipline autonome du groupe, implique l'idéal même d'activité que nous avons précédemment décrit comme caractéristique de l'école nouvelle : elle est la morale en action, comme le travail « actif » est l'intelligence en acte. Bien plus, la coopération conduit à un ensemble de valeurs spéciales telles que celles de la justice fondée sur l'égalité et que celles de la solidarité « organique ».

Bien entendu, sauf quelques cas extrêmes, les méthodes nouvelles d'éducation ne tendent pas à éliminer l'action sociale du maître, mais à concilier avec le respect de l'adulte la coopération entre enfants et à réduire, dans la mesure du possible, la contrainte de ce dernier pour la transformer en coopération supérieure.

BIBLIOGRAPHIE

Recherches. Editions de la Concorde, Lausanne, 1918.

Le langage et la pensée chez l'enfant. Delachaux & Niestlé, 1930, nouvelle éd. 1948.

La construction du réel chez l'enfant. Delachaux & Niestlé, 1937.

Le mécanisme du développement et les lois du groupement des opérations. Delachaux & Niestlé, 1941.

La genèse du nombre chez l'enfant (avec A. Szeminska). Delachaux & Niestlé, 1941, nouvelle éd. 1950.

Le développement des quantités chez l'enfant. Conservation et atomisme (avec B. Inhelder). Delachaux & Niestlé, 1941.

Classes, relations et nombres. Vrin, 1942.

La formation du symbole chez l'enfant. Delachaux & Niestlé, 1945.

Le développement de la notion du temps chez l'enfant. Presses universitaires de France, 1946.

La psychologie de l'intelligence. A. Colin, 1947, nouvelle éd. 1952.

Le jugement et le raisonnement chez l'enfant. Delachaux & Niestlé, 1947.

La représentation du monde chez l'enfant. Presses universitaires de France, 1947.

La naissance de l'intelligence chez l'enfant. Delachaux & Niestlé, 1948.

La représentation de l'espace chez l'enfant (avec B. Inhelder). Presses universitaires de France, 1948.

La géométrie spontanée de l'enfant (avec B. Inhelder et A. Szeminska). Presses universitaires de France, 1948.
Traité de logique. A. Colin, 1949.
Introduction à l'épistémologie génétique (trois volumes). Presses universitaires de France, 1950.
Initiation au calcul (avec B. Boscher, A. Châtelet, M. Dufresse et A. Ferré). Bourrelier, 1950.
La causalité physique chez l'enfant. Presses universitaires de France, 1950.
Les notions de mouvement et de vitesse chez l'enfant. Presses universitaires de France, 1950.
La genèse de l'idée de hasard chez l'enfant (avec B. Inhelder). Presses universitaires de France, 1951.
Essai sur les transformations des opérations logiques. Presses universitaires de France, 1952.
De la logique de l'enfant à la logique de l'adolescent (avec B. Inhelder). Presses universitaires de France, 1955.
Le jugement moral chez l'enfant. Presses universitaires de France, 1957.
Epistémologie génétique et recherche psychologique (avec E. W. Beth, et W. Mays). Presses universitaires de France, 1957.
Les liaisons analytiques et synthétiques dans le comportement du sujet (avec L. Apostel, W. Mays et A. Morf). Presses universitaires de France, 1957.
Logique et équilibre (avec L. Apostel et B. Mandelbrot). Presses universitaires de France, 1957.
La lecture de l'expérience (avec A. Jonckheere et B. Mandelbrot). Presses universitaires de France, 1958.
Logique et perception (avec J. S. Brunner, F. Besson et A. Morf). Presses universitaires de France, 1958.
Apprentissage et connaissance (avec P. Gréco). Presses universitaires de France, 1959.
Théorie du comportement et opérations (avec D. E. Berlyne). Presses universitaires de France, 1960.
Epistémologie mathématique et psychologie (avec E. W. Beth). Presses universitaires de France, 1961.

Les mécanismes perceptifs. Presses universitaires de France, 1961.
Traité de psychologie expérimentale, publié sous la direction de Paul Fraisse et Jean Piaget. Presses universitaires de France, 4 vol. parus, 1963.

PREMIÈRE PARTIE

Éducation et instruction depuis 1935

1. L'évolution de la pédagogie 13
2. Les progrès de la psychologie de l'enfant et de l'adolescent 40
3. L'évolution de quelques branches d'enseignement 63
4. L'évolution des méthodes d'enseignement 91
5. Les transformations quantitatives et la planification de l'enseignement 112
6. Les réformes de structure, les programmes et les problèmes d'orientation 131
7. La collaboration internationale en matière d'éducation 155
8. La formation des maîtres du premier et du second degré 168

DEUXIÈME PARTIE

Les méthodes nouvelles. leurs bases psychologiques

1. La genèse des méthodes nouvelles 189
2. Principes d'éducation et données psychologiques 205

Bibliographie 247

DANS LA COLLECTION FOLIO/ESSAIS

1.	Alain	*Propos sur les pouvoirs.*
2.	Jorge Luis Borges	*Conférences.*
3.	Jeanne Favret-Saada	*Les mots, la mort, les sorts.*
4.	A. S. Neill	*Libres enfants de Summerhill.*
5.	André Breton	*Manifestes du surréalisme.*
6.	Sigmund Freud	*Trois essais sur la théorie de la sexualité.*
7.	Henri Laborit	*Éloge de la fuite.*
8.	Friedrich Nietzsche	*Ainsi parlait Zarathoustra.*
9.	Platon	*Apologie de Socrate. Criton. Phédon.*
10.	Jean-Paul Sartre	*Réflexions sur la question juive.*
11.	Albert Camus	*Le mythe de Sisyphe (Essai sur l'absurde).*
12.	Sigmund Freud	*Le rêve et son interprétation.*
13.	Maurice Merleau-Ponty	*L'Œil et l'Esprit.*
14.	Antonin Artaud	*Le théâtre et son double* (suivi de *Le théâtre de Séraphin*).
15.	Albert Camus	*L'homme révolté.*
16.	Friedrich Nietzsche	*La généalogie de la morale.*
17.	Friedrich Nietzsche	*Le gai savoir.*
18.	Jean-Jacques Rousseau	*Discours sur l'origine et les fondements de l'inégalité parmi les hommes.*
19.	Jean-Paul Sartre	*Qu'est-ce que la littérature ?*
20.	Octavio Paz	*Une planète et quatre ou cinq mondes (Réflexions sur l'histoire contemporaine).*

50.	Alvin Toffler	*Le choc du futur.*
51.	Georges Dumézil	*Entretiens avec Didier Eribon.*
52.	Antonin Artaud	*Les Tarahumaras.*
53.	Cioran	*Histoire et utopie.*
54.	Sigmund Freud	*Sigmund Freud présenté par lui-même.*
55.	Catherine Kintzler	*Condorcet (L'instruction publique et la naissance du citoyen).*
56.	Roger Caillois	*Le mythe et l'homme.*
57.	Panaït Istrati	*Vers l'autre flamme (Après seize mois dans l'U.R.S.S.-Confession pour vaincus).*
58.	Claude Lévi-Strauss	*Race et histoire* (suivi de *L'œuvre de Claude Lévi-Strauss* par Jean Pouillon).
59.	Michel de Certeau	*Histoire et psychanalyse entre science et fiction.*
60.	Vladimir Jankélévitch et Béatrice Berlowitz	*Quelque part dans l'inachevé.*
67.	Daniel Guérin	*L'anarchisme (De la doctrine à la pratique),* suivi de *Anarchisme et marxisme.*
68.	Marcel Proust	*Contre Sainte-Beuve.*
69.	Raymond Aron	*Démocratie et totalitarisme.*
70.	Friedrich Nietzsche	*Par-delà bien et mal (Prélude d'une philosophie de l'avenir).*
71.	Jean Piaget	*Six études de psychologie.*
74.	Henri Laborit	*Biologie et structure.*
75.	Claude Roy	*L'amour de la peinture (Rembrandt Goya Picasso).*
76.	Nathalie Sarraute	*L'ère du soupçon (Essais sur le roman).*
77.	Friedrich Nietzsche	*Humain, trop humain (Un livre pour esprits libres),* tome I.
78.	Friedrich Nietzsche	*Humain, trop humain (Un livre pour esprits libres),* tome II.
79.	Cioran	*Syllogismes de l'amertume.*
80.	Cioran	*De l'inconvénient d'être né.*
81.	Jean Baudrillard	*De la séduction.*
82.	Mircea Eliade	*Le sacré et le profane.*